花千樹

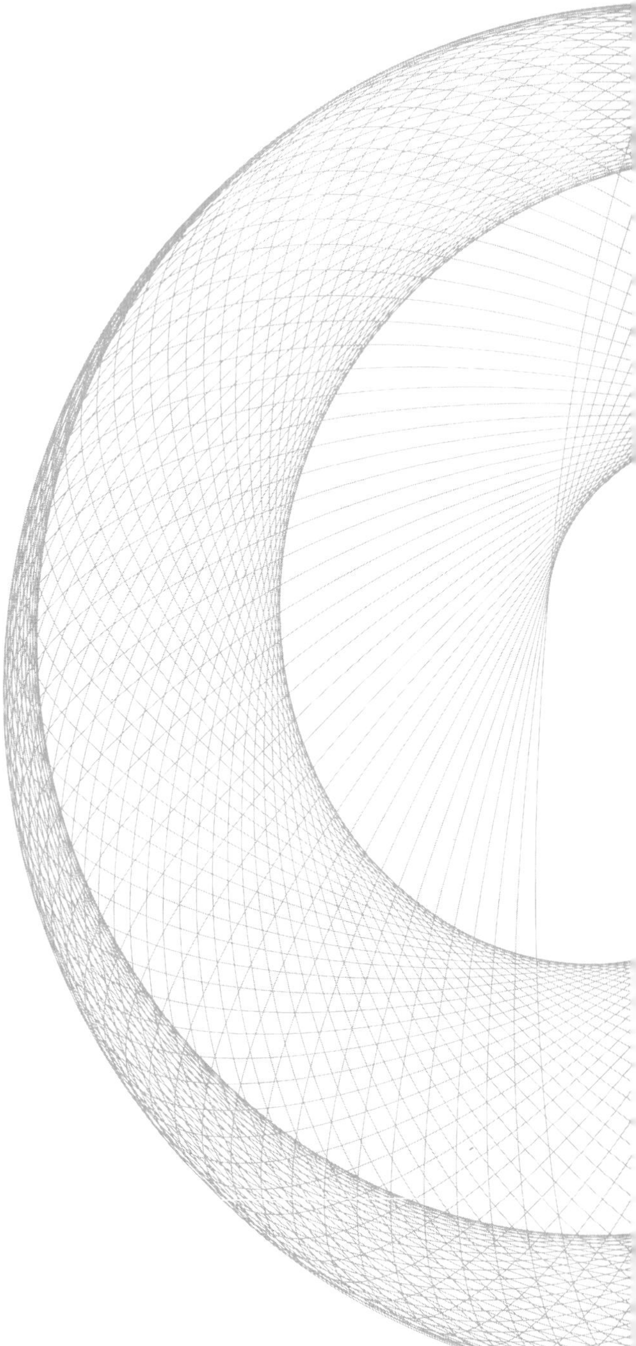

反復：易經新寫

岑朗天 著

目錄

序論：本體論易學之易占與易理

一、易占之終結：無常與定常

去過海邊的人，都有類似的經驗：脫掉鞋子，將腳放進海水，讓波浪淹沒足背。稍一低頭，你或許會被潮水的去而復來，暫時分了心。可能有誰在背後喚你，你應了他一下，沒有再看腳下，但依然感覺到海浪復至，然後退走，同時帶走足下泥沙，你的腳陷進沙裡多一點點。回過神來，腳背可能已消失在視線裡；時間過去，你離地心近了一分。

你閉上眼睛，感受海風的潮濕，細味裡面可能藏有的潤澤與溫柔。一呼一吸間，你曉得全世界有無數嬰兒新生，亦有無數人雙腳登空，如同春夢。一呼一吸之間，海水不住捲走沙泥，身體繼續新陳代謝；在海邊的你，又衰老了少許。

世界的事物都在變化之中；無景不遷，無物不化。以上命題隨時得到驗證。只是，我們太容易忘記，或者太傾向將之束之高閣，暫不理會。因為太強烈意識到它，最後的代價每每太痛苦：英雄遲暮，美人白骨；曾經興盛美好的境況，難免衰敗變質；曾經愛之欲其生的對象，有日惡之欲其死。那不止是唏噓、不捨，你稍一注意呼吸之間的生死真實，便有可能再難自持。於是，有時我們還須引入理性，嘗試將以上心劫轉移和扭曲。轉移：我們有意無意選擇享受、欣賞造化的「神奇」與浪漫，避開人不免一死、世態無常的殘酷與絕情。扭曲：我們找到一個最酷的裝置，搬玩「變幻就是永恆」的把戲。

流行曲這樣唱：「借夜闌靜處，獨看天涯星／每夜繁星不變，每夜長照耀／但願人沒變，願似星長久／每夜如星閃照，每夜常在／漫長夜晚星若可不休／問人怎麼卻不會永久／但願留下是光輝／像星閃照／漆黑漫長夜」（《但願人長久》，曲／唱：盧冠廷，詞：唐書琛）

（總落入變化的）現象不可恃，於是企求有超拔現象之上的東西，無論它叫理型、理念、智思物或本體，重點是永恆不變。恆星也有生滅，也是現象界成員，故此晚空繁星只是比喻，比喻指向一個超越世界，正如人死留名，留下光輝照亮後世也是比喻，因為人類會滅絕，文明始終會消失，真正能永恆不變的必須是超拔出現象世界的價值和意義，人生在世，用言行活出特定意義，創造或守護若干價值，那才是死後向永恆呈上的終極成績表。

追求永恆是人面對無常的理性反應，但實現永恆事實上又談何容易？幸好還可以走捷徑：第一條路就是找個機會告訴自己：就算永恆（的價值）一時實現不了也不要緊，現象也很可愛，無常更有它的美！站在海邊的我們雖然在一呼一吸間距離死亡又近了一分，但同樣在一呼一吸間，我們領略到海風的潤澤與溫柔、過去人愛與痛的思憶、將頹廢與離散一擁入懷的無悔……

然後，對自己說：一切還算值得！這裡，理性巧妙地把美的價值實現轉換為一時的審美愉悅，用隨時消逝的美感代替真正可永恆的美，圖一個暫緩，與無常談一場短暫的戀愛。

第二條路比較複雜，卻是辯證理性最擅長的本領：你說無景不遷，無物不化嘛！對，正是如此，那麼，我就把變化本身視為永恆！換言之，除了變化本身，沒有甚麼不變的；正是所有事物都在變化這個無時無刻都可驗證的事實，確保了變化本身的不變性。

事物沒有永恆，但變化之理卻是不變。假如我們可以掌握變化之理，無常中所有不能忍受的，便可以克服。人去占卜，其中最重要的目的正在於此。

一般人占卜，大部分是為了預測；預測未來，就能趨吉避凶，令自己活得好一點，慾望得到一定滿足。這是較低層次的占卜目的，古人很早便不止於此。

首先，古人一早便認識到，不是所有人都需要占卜，更不是所有人都有資格去占卜。占卜的知識和操作局限於王侯貴族，並非偶然，因為在古代，這些王侯貴族才有超出平民的政治和文化責任，例如受上天委託去管治部族、國家，或者要去了解和掌握一族一國，因而也是自己的整體命運。值得注意的是：並非人人都擁有自己的命運，只有意識到命運，開始去了解命運的人，命運才對他／她顯露，才逐步實現出來。正如本來沒有路，只有你開始起步，走著的時候，路才在你足下出現。故此，古代只有少數人才有命運的問題，也只有他們有需要和資格去問卜，為自己、為國家趨吉避凶的同時，也就創造出、譜寫出相關的命運。

人生國事變化無常，但命運則有定常性。某意義上，命運便是相關世事的變化之理。掌握了個人的命運，他／她的人生軌跡即在目前；掌握了一地一國的命運，我們亦可從中窺見特定的集體發展定式。除了上述較低層次的實用和功利目的，占卜的操作因而協助建立一門相對客觀的知識、學問，有時甚至可以上升為智慧。這些較高層次的占卜知性成果，用今天的學科歸類，有神秘學，也有宗教、哲學、政治經濟學以至經驗科學的成份，但在古代，沒有嚴格的分科，都籠統地包含在一套道理中。

這套道理，在古代中國叫做易道，其展開的學問稱為易學。易道之易，一字四義：變易、不易、簡易和交易——既變復不變，辯證理性即在其中。占卜是這套道理其中一種運用，發生學上，它可能是彰顯此理的最先一種運用，但它並非唯一的使用，更不是最適當的使用。

為甚麼這樣說呢？因為辯證理性其實也就是理性的辯證，意指理性誤推和出錯，導致莫衷一是，陷入無窮無盡的對辯爭拗。文首提到的理性介入，轉移和扭曲心劫，也有負面的意思。

將易道用來占卜，正是一種扭曲的使用，只不過有時扭曲也有其「好處」而已。

消極的好處，當然就是暫緩心劫的傷害性。即使是最堅強的人，也未必能時時刻刻承受無常對感性和意志的衝擊，有時需要占卜來為我們提供額外的知識，安定一下紛擾煩躁的心靈。不少人以為，人事的命運就像一本預先寫好的命書，占卜便是給你一種可以讀懂此命書的眼光，因而洞悉未來。可是，占卜的經驗多了，我們自會逐漸曉得，如前說，命運並非預先決定下來，而是當你意識到它才出現在面前的東西，因而，沒有一個卜者可以斬釘截鐵地對一件事的未來發展，作出必然判斷。所謂預知未來，可能只是提供一個制高點，讓當事人可以站高一點，看遠一點。有些人因為資歷和能力站得較其他卜者為高，所以視域更廣闊，但說到底始終有限制。在限制的範圍內，卜者看到平常看不到，卻極有可能發生的事。例如：某人在街上走，不會曉得下個街角會碰到甚麼，但通過特定操作，得以站在制高點的卜者，卻看到某人的敵人正從北面朝街角跑來，假如某人繼續前行，便很有可能冤家路窄。於是卜者向某人作出預言，某人聽了，可以掉頭避開，也可作好準備，對敵人迎頭痛擊，最後的選擇固然始終掌握在當事人手中。占卜得來的知識也謹能提供參考，未必百分百應驗，因為卜者雖然看到敵人的路線，但也有可能在下一刻，敵人接到一通電話，有急事要應付而折返，那麼即使某人繼續前往街角，兩人也不會碰上，如此，卜者所卜便落空了。

卜問的不確定性，一般來說有三。首先，在其本身的不穩定和彈性。易占的核心在於心誠則靈，靈則通，所謂心有靈犀，透過特定操作（通常是對應易理之陰陽開闔、六爻依次生成組合），取得卦數和相應之卦象，但由於取象的過程本身就帶模糊性，不可能得到絕對確定的結果；卜問者只是收窄了對事件各種可能性的認識，即把事情的未來方向收窄到有幾個可能，但始終不能完全鎖定。它不外A、B、C或D這幾個可能，但究竟具體落實為哪一個呢？事情不發生了，我們還是無法作最終確定，因此，易卜的人只能事後孔明；能鐵口判生死的人，多屬自信過剩，性格傾向強於實際能力。

其次，卜問有所謂「順逆而行都會產生的變數」，卜者求得某種未來的預測後，當事人理會或不予理會，都會對事件產生影響。例如卜者預言你未來數天會發生交通意外，於是你出入格外小心，結果全身而還。問題來了：事實究竟是你「避開」了本應發生的災劫，抑或占卜根本不準確，你本來就不會發生意外呢？由於事情沒有發生，一切無從證實、確定。又如卜者預言你移民事業便會大有斬獲，你不予理會，繼續留下來，結果碰得焦頭爛額，一事無成。事實究竟是你沒有聽從規勸，逆天而行，因而受到報應？抑或，你的事業其實已來到一個不得不破敗的地步，你錯過了逃出生天的機會，「自然」落得慘淡收場？同樣，由於事情沒有發生（你沒有移民），一切無從證實、確定。

第三，卜問還有「多求不應」的問題。同一件事，不能卜問超過兩次。《周易》蒙卦卦辭便有明言：「初筮告，再三瀆，瀆則不告。」有些操作要求卜者就重大事件起碼卜兩次，假如兩次都有同樣的指示方向，方才採納，但兩次就是限度，不能再就同一事不斷占問，而偏偏，對心繫、緊張的事情，想知道多一點，又是人之常情，故此，當事人以至卜者有時很難逃得過多求的誘惑或催迫。

正正由於種種不確定和變數，占卜提供的預知參考，有時真的僅限於當事人慌亂迷失，不知所措時的一時安慰，它起碼能協助當事人在無常的侵擾下作決定，但亦僅此而已，真正的永恆之道，離占卜的使用所指，還有數步之遙。易占，並非易道展示的最適當方式，但其積極的好處，就是從自身的不足去彰示易道，以及展示易道在易占之外的其他使用，即：正面建立一門學問，用來思考，認識世界，貞定人生。

二、易理之建立：反復與本體

易道是變化的道理，既是道理，就有定常性，但它卻是關於無常的定常，所以它並非一般的定常之理，而是必須在不定與無常中展示，離不開不定與無常的動態之理。

動態，意指易道總在使用中出現。古人對易道一般有兩種使用：用來占卜或用來思考。以今天的術語來說，前者是神秘學的使用，成就易占；後者是哲學的使用，成就易理。古人神道設教，因而神秘學的使用也連帶著宗教、政治與文化的領域，而兩種使用在古代社會也不會截然二分，易經神學和易經哲學可統稱為易學。

故老相傳，易學有三個系統，以三本經書命名，分別為《連山》、《歸藏》和《周易》。有人認為三者分屬不同時代（《連山》屬夏、《歸藏》屬商、《周易》屬周，又或者《連山》屬神農時代、《歸藏》屬黃帝時代、《周易》屬文王時代），也有人據《周禮》所云「太卜掌三易之法」，認為那是周代易學操作的三種不同方式。邏輯上，兩種說法並沒有衝突。

鑒於以上三個系統去今太遠，用語太古老，部分操作程序及相關文字更已散佚，現代人難以順利循之了解及掌握易學，《反復》應運而生。《反復》系統有以下特性：

- 用現代理性語言重新詮釋及演練易學的基本符號——六十四卦。因此有重寫卦辭與爻辭的需要。
- 強調卦的內在結構，以及關注內面如何展開，形成涵蓋世態的符號網絡。因此有重排卦序的需要。

- 強調卦與卦之間的對反與矛盾關係，並以先綜後錯的操作找出每一卦的對應卦，加深認識每一卦及歸屬其下的事物。因此，須在每一卦下新設相關的邏輯方陣關係圖。
- 盡量尋找每一個卦的哲學涵意，並高舉六十四卦中最具本體論意義的四卦（它們組成一方陣關係），即復、剝、夬、姤四卦，再輔以古人高舉的乾、坤二卦，以之為論述骨幹。古人的易學思維可歸結為早熟理性的玄學使用。簡言之，是取類比象，表現出如下四種特性：整體性、經驗性、主觀性和實用性，以模糊的直觀思維和簡單的理性邏輯配合使用，指導言行。本體論易學則是一個提倡當代形而上思考，居高臨下之系統；其緊守制高點，將道理往上講，然後才循應用往下拉，有時借用易占，以驗證、鎖定、檢視、修正對世事的認識和理解，進而指導言行。
- 《反復》系統屬開放系統。歷代《周易》方家均注重權威，固然鮮有質疑固有的卦辭爻辭，復傾向斤斤計較地斟酌考究箇中一詞一字之原義確義，少去思考相關字詞應用到當世，是否適合，是否需要調整，以至可能要調整到一個地步，令它們再不適用，不得不換以他詞。與之相反，《反復》系統既名「反復」，意在歡迎反覆改寫，務求盡善盡美，最能對應世事人情的理解與詮釋。道理是主，所繫之辭是次。既得魚可忘筌，盡理自可易字。因此，易經新寫只是一個開始，不是終結，旨在號召和刺激進一步的思考與建設，而非樹立另一權威，頤指氣使，鷹擊長空。

- 系統內易占與易理的關係，是以易占鎖定易理的展示、解釋與落實，然易理總優先於易占。

故此，「善易者不占」的現代意義，正在於以易占協助宏揚易理，若能直接悟入易理，易占可棄。就預測上，易學一直存在兩層預知。易占之預知，乃憑主觀直覺，以及知性的特殊對應，特點是不確定、沒有必然性。易理之「預知」，則在據卦象卦意，內卦與外卦，以及本卦與他卦之關係去推理，特點是較確定，雖也談不上必然，但具系統性，有理路可循，有標準可依。

《反復》系統，亦可名為本體論易學。傳統本體論，是形而上學的分支，旨在處理存在的問題，故又稱存在論或存有論。《反復》系統以高舉復卦這個象徵存在的範疇或概念，彰示了它面向本體論的方向。

易理是理性其中一個面貌，理性的特性在帶來分裂（故中國哲學名之為「分別心」）。打開理性的羅網，我們就有了主體與他者／客體／對象、人與非人、必然與偶然、有限與無限、被造物與上帝、經驗與超驗、心與物的分別。主體、人、必然、有限、被造物、經驗、心靈歸一邊；對象、非人、偶然、無限、上帝、超驗、物自身歸另一邊。兩邊互倚互持。對象不可知，物自身不可曉，即使在另一邊最基本的單位——他人，嚴格來說也構成基本的哲學難題：英美哲學便長期有如何論證他人亦擁有心靈這個課題。總之，一邊是可知、可經驗、可掌握或可確認的，另一面則只能靠推理而間接把握，不過，這一邊的存在卻靠另一邊保證，怎樣說呢？因為那正是理性之網底下，一分為二的兩邊，不得不依另一邊才具備自身的內容與意義。即：「此」之為此，在於此之為非「非此」；「彼」之為彼，在於彼之為非「非彼」。「我」之為我，在於我之為非「非我」；「非我」之為非我，在於非我之為非「我」。

不過，當我們這樣確認時，其實已引入了「彼」、「此」、「我」與「非彼」、「非此」、「非我」兩邊之外的第三項。對立兩項在操作中如要動起來總需要這第三項。存在，就是令兩邊得以有意義的第三項。存在，不歸於任何一邊，不為任何一邊所統攝。然而，主體或他者，正好是因此第三項得以成其為主體或他者。不僅如此，某意義上，存在是令事物成其為事物，成其為自己的「東西」，但這「東西」不是實事實物，不佔有時空，沒有擴延性，沒有意向性，反之，是「它」令事物佔有時空，具物質的擴延性，以及使心靈的意向性得以具備意義。正是在這一點上，存在可名為本體。

海德格所謂的向死而生的「此在」，移除了整體性（totality）的歸屬企圖，某意義上就是人面對非人，必然面對偶然，主體面對他者的一種飛躍式冒現，一種非再現、非呈現的冒起、突出、對潛在觀察者撲面而來的冒犯。**存在，就是這種冒犯**。

由是，存在作為本體，並非宰制（totalize）他者，將他者內攝的主體核心。再說一遍：存在不從屬主體，不是主體的屬性。本體論不止於 ontology（字根組合指關於事物「其所是」的學科），其關於存在，包含自我指涉——令存在成為存在，就是存在本身。存在是生成，因此，強調生成、變化和過程的易理，可能是把握存在、討論存在最好的理性操作之一。

最後，關於自我指涉與系統的圓足；一個從哲學使用彰示易道的理性系統，當然要有指涉理性本身的部分。《反復》系統是以恆卦與訟卦去象徵理性本身。恆卦象徵的，是與不一致、不穩定的感性相對之理性，面對無常、不穩定，我們賴之以安放種種規範，尋求穩定的格度，有矩有陣的機能。訟卦象徵的，則是相對於慾望的理性。這一面向的辯證理性負責推理、辯論，協助建立間接知識（非直接的經驗知識），因而總會引發爭拗，有出錯或莫衷一是的可能。作為面對無常下不得不依附的「定常之體」，理性可靠，也不可靠。

這樣理解和詮釋的恆卦與訟卦，正好闡示了本體論易學嘗試觸及的廣度和深度；而這一工程，如前述，希望永遠是進行式——後來者的努力可反覆豐富前人的舉措，見證易理的奧妙和勝場。

凡例

一、易共六十四卦，每一卦均由六爻組成。爻或為陰爻，標示為「⚋」（以六稱之），或為陽爻，標示為「⚊」（以九稱之）。六爻可分為兩組，上三爻為其外卦（或稱上卦）；下三爻為其內卦（或稱下卦）。

二、每一卦均為一個可將事物歸類其下的範疇。其表達式依次為：原卦名、新卦辭、卦名、卦形、卦義、新爻辭（附易占基本判斷）、方陣關係。最後用較小字體列寫《周易》原卦辭及爻辭，以作參考。

三、每一卦的新卦辭直接寫在每一卦原卦名後，內容有別於《周易》的原卦辭，是作者根據《反復》系統新撰，將相關於該卦的基要概念連結出來，為本體論易學之發揮。

四、新卦辭之後列寫卦名，實為原卦名的同義轉換和解釋，務求現代人更能一眼便看出或聯想出意義。

五、卦名之後列繪卦形，如組成本卦的陰爻與陽爻，因其排列組合出特定意義的形狀，即以文字說明。沒有組合出特定意義的卦形，則只繪卦形，並無文字說明。

六、卦形之後列寫卦義，主要根據本卦的上（外）、下（內）卦關係，闡釋特定意義。上、下卦均由三爻組成，不出乾、坤、坎、離、巽、震、艮、兌八者，分別象徵天、地、水、火、風、雷、山、澤八大類事物（各類涵蓋詳見頁 20–21 之列表）。若上三爻組成乾，下三爻組成坤，就成為上乾下坤的否卦，卦義直接表述為「天地否」，並予文字說明，餘此類推。

七、卦義之後列寫爻辭。爻辭是對組成本卦的六個爻各別的說明。爻可視為本卦的六個階段或六個方面。最底一爻為最初的階段或最基礎的一面（如是陰爻，稱為初六；如是陽爻，稱為初九），然後向上依次展開（六二、六三、六四、六五或九二、九三、九四、九五），至最上一爻為最後的階段或最終總結的一面（如是陰爻，稱為上六；如是陽爻，稱為上九）。由於易學可用於占卜，故附上占卜時如卜到該爻時的基本判詞如吉凶吝悔等（釋義見頁 19）。所謂占卜時卜到該爻，意味此爻變動，或由陽爻變陰爻，或由陰爻變陽爻。爻變則卦亦變，故此，每一卦實藏六卦於內，例如坤卦初爻變則為復卦：

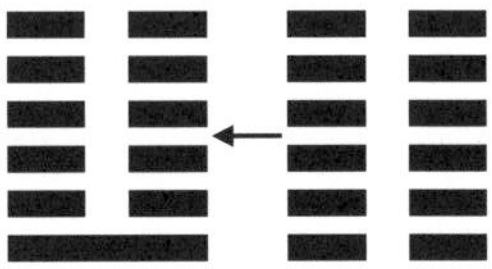

指涉這變化的術語為「坤之復」，初爻爻辭即意指坤卦展開的第一階段或第一方面，可用坤卦內藏了復卦來理解。又如坤卦二爻動則為師卦，術語為「坤之師」，二爻爻辭即意指坤卦展開的第二階段或第二方面，可用坤卦裡藏了師卦為理解。爻辭即此文字說明。餘此類推。

八、除了乾坤兩卦，每卦各有六段爻辭。乾坤兩卦各有七段爻辭，坤以「用六」標示，意指六陰爻齊變為陽爻，術語為「坤之乾」；乾以「用九」標示，意指六陽爻齊動，術語為「乾之坤」。之有此例外，乃因易理中，「坤之乾」意味由零至一的飛躍，象徵創生積極的一面；「乾之坤」指向從一歸零的否定，象徵創生消極的一面。乾與坤，堪稱創生原則一體之兩面，解釋了事物的來由，殊為珍要，所以有此特別處理。

九、爻辭之後列一方陣圖式，展示本卦與其餘三卦的邏輯關係（詳釋見頁22）。此乃《反復》系統的特殊操作，重點在找出每一卦之對應卦。

十、最後以小字體補充《周易》原卦辭及爻辭，讓讀者在有需要時對比、參考。

易占基本判斷釋義

吉：好

凶：不好

吝：有困難，之後由吉向凶的方向走

悔：後悔，之後由凶向吉的方向走

無悔：雖然不好，但不用後悔

咎：出錯

無咎：雖然不好，但沒錯，不太差

有利××：對××有利

不利××：對××不利

無不利：做甚麼都有利

無所利：做甚麼都不利

厲：有危險

惕：須警惕

災：有災劫

勿用：不要施展能力

八卦基本涵蓋物類表

卦	乾	坤	坎	離
類別	天	地	水	火
意象	圓滿、純粹、新、高高在上、積極、專制	方正、承載、舊、順從、包容、消極	沉溺、塌陷、辛勞、黑暗、彎曲、向下	炎熱、光明、乾燥、美麗、向上
人物	領袖、老闆、父親、官宦	人民、母親、農夫	中年男人、思想家、盜賊、江湖中人	中年女人、文人、藝術家
人體	頭部、胸部、骨、陽具	肚腹、腸胃、肌肉	耳朵、體液	眼睛、心臟
天體氣象	冰雹、太陽	雲霧	月亮、大雨、霜雪	太陽、彩虹
動物	馬、獅、象	牛、貓	豬、鼠、魚、水產	孔雀、龜
靜物	金銀珠寶、圓形物件、帽子、眼鏡	方形物件、穀物、布帛、舊物	盛水容器、油、酒	書籍、文件、盔甲
顏色	金色	黃色	黑色、紫色	紅色
地方	京城、名勝、高地	田野、平原、農舍、舊屋	大海、江河、酒店、地下室、潮濕之地	教堂、圖書館、戲院、廚房、乾旱之地
方位	西北	西南	北方	南方
季節	立冬（陽曆十一月初）	立秋（陽曆八月初）	冬至（陽曆十二月下旬）	夏至（陽曆六月下旬）

卦	巽	震	艮	兌
類別	風	雷	山	澤
意象	流動、出入、輕巧、命令、長而直	振動、迅速、果斷、恐懼	終止、高、堅硬、突起、界限	滋潤、喜悅、溫柔、拆毀
人物	年長女子、寡婦、修道之人	年長男子、運動員、軍警、名人	兒童、少年、山中隱士	少女、巫女、藝人、副手
人體	頭髮、臀部、大腿	足部、肝臟、神經	手部、手指、關節、鼻子	嘴巴、舌頭、喉嚨
天體氣象	強風	雷雨、地震、火山爆發	山嵐	星辰、缺月、小雨
動物	雞、鵝、鴨、蛇	鹿、鷹	狗、虎	羊、豹、小動物
靜物	竹器及木器、繩、長形物件	鮮花、竹器及木器	瓜果、陶器	金屬物、樂器
顏色	藍色	綠色	棕色	白色
地方	竹林、寺院、道路、郵局	樹林、菜園、鬧市、車站	丘陵、墳墓、堤壩、礦場	沼澤地、餐廳、娛樂場所
方位	東南	東方	東北	西方
季節	立夏（陽曆五月初）	春分（陽曆三月下旬）	立春（陽曆二月初）	秋分（陽曆九月下旬）

先綜後錯方陣關係釋義

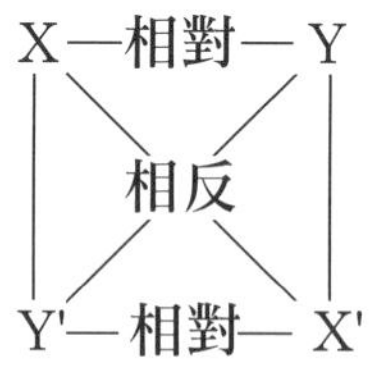

X：本卦

Y：綜卦

Y'：先綜後錯所得之X的對應卦

X'：錯卦。同時是綜卦之對應卦

目的：本卦包含的道理可憑其與其他三卦的關係展示得更清晰。因為一個範疇或概念的意義，除了自身的定義、內容的展示，還可通過它排斥甚麼（其矛盾面，即其錯卦的內容），以及跟其他概念的比較、對照（其相對面，即其綜卦的內容）而確定。對應卦的發明，更是《反復》系統的獨特操作結晶，令我們有多一個側面檢視及理解相關卦象。

如何使用本書

一、不配合易占：

- 觀察及分析具體事物，可按其特徵對照新卦辭，看最接近可歸入或對應哪一卦。然後按照該卦卦名、卦形、卦義、各段爻辭逐一檢視、思考，找出對象事物現正處於該卦的哪一階段或哪一方面，同時以方陣關係加深了解，當可較清晰掌握事情的發展可能。有時事情較複雜，可歸入或對應的不止一卦，那麼便一起檢視比對。基本上：一卦藏六、一卦開四，當事人通常只消從最接近的某一卦開始，依《反復》系統操作，不難找到其餘可對應的範疇。

- 假如當事人有困難，需要解決，一般做法就是先找出困難對應的某一卦，然後依方陣關係，從本卦的相對一面，即其綜卦開始考量對治方案。相關的應對方案通常可從方陣中四卦所涵蓋的內容及所指示的方向推演而出。例如勞資糾紛，站在工人的角度，不妨第一時間參考代表眾人的坤卦，以及象徵聚合的萃卦，去開始思考如何與老闆商議，爭取他們應得的權益。站在老闆的角度，則更可從萃卦的綜卦升卦，去開始檢視化解潛在工運的良方。

- 如無特定要處理的具體對象事物，亦可循特定學科學術的相關概念，對照新卦辭，參考相應卦理而幫助思考。例如美學課題，可參考離卦（本色美）、賁卦（裝飾美）、渙卦（頹廢美）而思考，而探索，而應用。

二、配合易占：

用適合自己的方法取卦（搖錢、竹枝、梅花易或直接取類比象），然後參照對應的新爻辭，推斷事情究竟會向好一面發展（吉）、向壞一面發展（凶），抑或好壞參半或其他可能。易占的結果協助我們鎖定思考的起點，檢證爻辭和卦辭的妥適程度。

一經驗證（即現實證明事情真的變好、變壞或其他），當事人仍須逐一按卦名、卦形、卦義及相關方陣關係，深入了解事情對應的易理，並依易理匡正之前的主觀臆度及欲求。

若未能驗證或最終證偽，則修正對相關爻辭的詮釋和理解，必要時可根據客觀理解的易理推翻及再改寫本書的文字。

卦序解釋

《反復》系統的卦序編排，有別於《周易》、《帛書周易》和《竹簡歸藏》。

《周易》分上、下經，上經以乾卦為首，離卦為終，共三十卦；下經以咸卦為首，未濟卦為終，共三十四卦。易傳有〈序卦〉專門解釋這個卦序，但讀來並無必然性，甚至缺乏系統性，例如作者（相傳是孔子，也可能是子思學派的成員）解釋何以比卦之後是小畜卦，小畜卦之後是履卦，直到豫卦時寫道：「比必有所畜，故受之以小畜。物畜然後有禮，故受之以履。履而泰，然後安，故受之以泰，泰者通也。物不可以終通，故受之以否。物不可以終否，故受之以同人。與人同者物必歸焉，故受之以大有。有大者不可以盈，故受之以謙。有大而能謙必豫，故受之以豫。」

為甚麼「比必有所畜」呢？為何「物畜然後有禮」呢？何以「履而泰」？何以「物不可終否」，並不返歸泰（不是說否極泰來嗎？），而要「受之以同人」？何故「有大而能謙必豫」？這些都是說了等於沒說，根本不是解釋，而是把次序重述一遍，卦與卦的連結之間加上一個「必」字，是權威的肯斷，告訴讀者不得不如此，多於理路的展示，解釋給讀者知道，為甚麼如此。

又如易共六十四卦，要分為上、下兩篇，為甚麼不是上、下各三十二卦，而要作出上經三十，下經三十四的不規則編排？先賢沒有說明，後世學者也沒有誰可以給出一個具說服力的解釋。

假如僅從一頭一尾去詮釋，我們勉強會拼湊出一些籠統的說法，例如：《周易》中的乾卦代表天道的健動，坤卦代表大地的柔順，它們合起來就是世界以至世界的所由來，足為六十四卦總綱，遂一開始便以兩卦居首，取綱領之義。而未濟指沒有到達終點，以其壓軸，象徵世態是一永沒結局的故事，同時回應首卦乾卦生生不息之義。

可是，乾、坤與未濟之間，卦與卦的先後次序，如何證成，遑論訴諸甚麼理論，連一個較清晰的理路也欠奉。我們只知道，《周易》排卦，是一對對排列的：而此一對卦，在卦形是彼此上下倒轉，例如屯卦之後是蒙卦，屯卦六個爻的排列由下至上是「陽陰陰陰陽陰」，蒙卦六個爻的排列由下至上是「陰陽陰陰陰陽」，剛好上下倒轉。易學上我們叫這一類對卦為綜卦：如屯蒙互綜、泰否互綜，等等。假如是沒有綜卦的卦，即上下倒轉之後仍是自身，像乾、坤、頤、大過這些，《周易》就安排另一個爻性完全相反的卦跟它放在一起。例如乾和坤便是這一種對卦——爻的陰陽完全相反；頤（陽陰陰陰陰陽）與大過（陰陽陽陽陽陰）也是。這些對卦易學上稱為錯卦：乾坤互錯，頤與大過互錯。

《周易》的卦序邏輯就是：一對一對排列，有綜卦的排綜卦，無綜卦的排錯卦，於是六十四卦就分成三十二對綜卦或錯卦，乾坤居首，既濟（未濟的綜卦兼錯卦）未濟作結。至於中間的排列關係，讀者須自行揣測意會。

一九七三年，湖南省長沙市馬王堆漢墓出土了一批古籍，其中包括《帛書周易》，其中的卦名與通行本《周易》頗有出入。例如坎作贛、否作婦、姤作狗、離作羅、兑作奪、坤作川等，而卦序，則是先排上卦為鍵（即乾，父）的八卦，再排上卦為根（即艮，少男）的八卦，然後是上卦為贛（次男）的八卦、上卦為辰（即震，長男）的八卦，以上排好三十二卦。之後是上卦為川（母）的八卦、上卦為奪（少女）的八卦、上卦為羅（次女）的八卦，最後是上卦為筭（即巽，長女）的八卦，才排好餘下的三十二卦。

《帛書周易》的卦序，看來較有系統，但以上卦領下卦，又似乎與《周易》系統下卦為內為本為主，上卦為外為末為副的精神相違，而且為何父之後是少男而不是長男，母之後是少女而非長女，也沒有一目了然的充分展示。

至於《歸藏》，世人一度認為已失傳，清代學者嚴可均、馬國翰先後從其他古書輯出被認為是《歸藏》的佚文。直至一九九三年，湖北江陵王家台十五號秦墓中出土了一批竹簡，不少考古和歷史學家判斷它便是秦代仍可得見的《歸藏》，稱之為《竹簡歸藏》。

相傳《歸藏》有別於《周易》的其中一個重點，便是以坤卦居首。《竹簡歸藏》的卦序，正好是先坤後乾；坤之後，依次是：乾、肫（屯）、蒙、訟、師、比、少督（小畜）、履、柰（泰）、否、同人、右（大有）、大過、亦（頤）、困、井等。《竹簡歸藏》沒爻辭，其卦辭也與《周易》大異，多從上下卦各自的卦義類比想像直接組合，連結到一些歷史或神話事件，部分甚至不一定發生過或有前人記載，屬於一種神學操作多於徵引和說理。

例如歸妹卦，《竹簡歸藏》卦辭為：「曰：昔者恆我（嫦娥）竊不死之藥。竊之奔月而枚占於有黃。震上兌下。震王則兌死。」為甚麼歸妹卦要用嫦娥偷不死藥奔月的神話作卦辭呢？後人的理解是：震為足，兌為缺月，兩者拼合，引申為奔月。很明顯，這種卦辭較適用於易占（而且是不講變爻的占法），說理衍義的成份不多。

種種跡象顯示，《竹簡歸藏》是相對原始的易系統，不過它的卦序，基本上也是有相綜卦排相綜卦，無相綜卦便排相錯卦，一對一對地排列，之前十數卦的次序，除了坤乾易位，及需卦脫落，更幾乎與《周易》完全相同。其與《周易》的共通點正是：這些綜卦的先後次序排列並無必然性，甚至單論相綜的一對卦，哪一卦該排先，哪一卦該排後，也看不出甚麼顯而易見的道理。（無論是乾先於坤抑或坤先於乾，後面的卦序都可以一樣。另：頤與大過這對錯卦，《周易》先排頤卦，《竹簡歸藏》則先排大過，也看不出各自有何緣由。）

總括而言，無論是《周易》、《帛書周易》（以上為《周易》系統）或《竹簡歸藏》（以上疑為《歸藏》系統），在卦序上均各有不足，均沒有要《反復》系統直接繼承的理據。

相對於《周易》以《河圖》、《洛書》及太極弧線等空間結構開展出系統，《反復》是以時間結構開展出來的系統。相對於《周易》高舉乾卦，《反復》以復卦為綱領。相對於《周易》與儒家哲學接頭，《反復》盡量吸收道家哲學的啟示，嘗試建立思考存在、價值與意義的本體論易學。故此，它自然需要一套有別於《周易》的排卦次序、卦辭與爻辭。

「反復」，有復返之義，更有反覆其上的意思。存在（being），是事物反覆地冒出來，就持續而言，便佔有時間，就座標定位而言，就佔有空間，佔有時空就可體現為一般的存在（existence）。既是反覆，便有複合，有不同的層次。最基本的層次組合是表面一層、內裡一層。前者是面子，後者是裡子；前者是表象，後者是深層結構。易理對此有表達：假如每個易卦看上去是它本身，那麼，其裡子則未必是其自己。每個易卦由六爻組成，一頭一尾構成了該卦的面子，第二爻至第五爻這四個爻就是裡子。裡子可以組成另一卦，我們叫這一卦作本卦的互卦。怎樣組成？以第二、三、四爻為新卦的下卦（內卦），以第三、四、五爻為新卦的上卦（外卦）。每一卦都有它的互卦，後者可視為本卦的內在結構。假如本卦象徵某個事物，則互卦就是被這反覆地冒出來的事物，蓋於其上的基礎、基點、起點。

例如復卦，它的互卦是坤。復是存在，坤是潛在，存在的起點當然就是潛在。又如否卦，它的互卦是漸。否是不幸、不通，漸是逐漸、緩慢。不幸總是累積而緩緩降臨，我們常常以為不幸是突然而至，但事情其實已在我們不察覺的時候，在暗地裡壞掉。不幸的基點正是緩慢。相對而言，與否卦相綜的泰卦，它的互卦是歸妹。泰是相通、幸運，歸妹是頓然當下，是速成。心靈相通固然只在一瞬間完成，幸運的事，也以當下為基礎。我們有幸相遇，是一種當下的感悟，不須推理，不須苦尋證據，更不用時間去覺知。易占時，卜者便經常以互卦初步檢驗所問之事，是否與所卜之卦對應。因為無論事情發生與否，都與其內在結構有關：面子看出來之前，固然裡子可能已在；面子看出來了，裡子更可以作為其基礎，令其來龍去脈更加清晰。

《反復》系統看重互卦，原因就在它能表示事物的複合性。考易六十四卦，互卦來來去去只得十六卦，每四個卦便以同一個卦作為互卦，換言之，同一裡子可開出四個面子，六十四卦可歸入十六組基本內在結構，它們分別是：

坤組（以坤為內在結構／裡子的四卦）：坤、頤、復、剝

乾組（以乾為內在結構／裡子的四卦）：乾、大過、姤、夬

復組（以復為內在結構／裡子的四卦）：蒙、師、臨、損

剝組（以剝為內在結構／裡子的四卦）：屯、比、觀、益

姤組（以姤為內在結構／裡子的四卦）：咸、遯、革、同人
夬組（以夬為內在結構／裡子的四卦）：恆、大壯、鼎、大有
大過組（以大過為內在結構／裡子的四卦）：離、豐、旅、小過
頤組（以頤為內在結構／裡子的四卦）：坎、節、渙、中孚
未濟組（以未濟為內在結構／裡子的四卦）：家人、漸、蹇、既濟
既濟組（以既濟為內在結構／裡子的四卦）：睽、歸妹、解、未濟
歸妹組（以歸妹為內在結構／裡子的四卦）：泰、蠱、大畜、升
漸組（以漸為內在結構／裡子的四卦）：否、隨、無妄、萃
解組（以解為內在結構／裡子的四卦）：艮、謙、賁、明夷
蹇組（以蹇為內在結構／裡子的四卦）：震、豫、噬嗑、晉
睽組（以睽為內在結構／裡子的四卦）：巽、井、小畜、需
家人組（以家人為內在結構／裡子的四卦）：兌、困、履、訟

如此排列出來，我們不難看出，這十六組又可依相對和相反性簡化為八組，即坤乾合為一組，復剝又合為一組等，合併成一組的八個卦，又恰好可依相對和相反性排列成一對對。再依卦義而調排，乃得以下八組卦之次序：

上經

生滅（坤乾）**八卦：**〔復、剝、夬、姤〕、坤、乾、頤、大過

得失（頤大過）**八卦：**中孚、小過、坎、離、〔節、渙、豐、旅〕

緩急（漸歸妹）**八卦：**否、泰、隨、蠱、〔無妄、大畜、萃、升〕

成敗（既濟未濟）**八卦：**未濟、既濟、歸妹、漸、〔解、蹇、睽、家人〕

下經

有無（復剝）**八卦：**蒙、屯、損、益、臨、觀、師、比

緣命（姤夬）**八卦：**鼎、革、恆、咸、大壯、遯、大有、同人

順逆（解蹇）**八卦：**豫、謙、震、艮、噬嗑、賁、晉、明夷

離合（睽家人）**八卦：**履、小畜、兑、巽、困、井、訟、需

一、置入大括號內的卦，本身可組成先綜後錯的邏輯方陣，排在一起，有利闡釋易理，故宜優先研習。將它們全部置前，恰好形成所屬四組先於另外四組，順理成章，以此分判上、下兩經。

二、《反復》系統以復卦為首，故先排復、剝、姤、夬、坤、乾、頤及大過這坤乾合組，乾

與坤是創造原則的動靜兩面，故總名為「生滅八卦」。

三、中孚、小過、坎、離四卦與坤、乾、頤、大過四卦同為絕對卦（同一絕對；相對面就是自身），宜優先研習，故將其所屬卦組緊接生滅八卦之後。四卦與節、渙、豐、旅一起，同以頤或大過為內在結構，頤和大過是無為養生的正反兩面，有得有失，故總名為「得失八卦」。

四、漸與歸妹合組，兩卦一緩一急，以之為內在結構的八卦，乃可名為「緩急八卦」。

五、既濟未濟合組，兩卦關乎目標之達成與否，以之為內在結構的八卦，乃可名為「成敗八卦」。

六、將緩急組排於成敗組之前，乃取成敗乃行動的結果，而緩急則是行動耗費的時間，理論上緩急先於成敗之意。

七、《反復》系統著重復、剝的本體論意涵，故下經亦以復剝合組居首。復為有（存在），剝為無（虛無），故總名為「有無八卦」。

八、姤與夬，跟復與剝組成《反復》中最重要的邏輯方陣，因此，繼復剝組合的是姤夬組合。姤講緣份，夬講命運，乃總名為「緣命八卦」。

九、生命在偶然與必然之間跌蕩，有順境，有逆境，故繼之以象徵順境與逆境的解蹇組合。蹇是跛足者的困境，解則指化解之道，化逆為順，故以它們為內在結構的可名為「順逆八卦」。

十、順流逆流，見證人生悲歡離合。俗情世間，是否幸福，是否求不得，是否愛別離，足可總結一生。睽是乖離，家人是諧合，故六十四卦，最後總結以睽家人合組，名為「離合八卦」。

十一、《反復》六十四卦，以復卦剝卦始，訟卦需卦終。以代表存在的範疇起首，象徵理性與無意識的範疇壓軸，自有其深意。存在與虛無，辯證理性與無意識，是出入本體論易學的關鑰，猶如八陣圖（即八門金鎖陣，又稱八卦陣）的生、開二門（要破陣，得從生門殺入，景門殺出，復從開門殺入）。本體論易學的奧義盡藏其中。

以上，是《反復》系統六十四卦排列的説明，但易理本身的秩序，卻不限於此。理論上，每個人學習易理，都可以按自己需要、興趣和感悟先後建立自己的進學次序，更重要的，是任何次序都跟易理本身的理序沒有衝突，而這所謂易理本身的理序，就其現於每名習易者的意識前，復無必然排列。理序之為理序，僅在易理本身具備的規範和格度而言，不同系統令其有特定的先後展現次序，但亦僅此而已。就《反復》而言，實際研習時，我們仍適宜一組組方陣去掌握——每一個卦都包含一個方陣，方陣內有時是四卦，有時是兩卦——然後每人依自己情況記下學習筆記，反覆思考和應用，自有所成。

附：我的學習筆記節錄（謹供參考）

坤與乾作為創造原則之兩面、離與坎作為光暗原則之兩面、頤與大過作為無為原則之兩面、中孚與小過作為信實原則之兩面。

以上彰顯絕對性（同一絕對），每一卦的對應卦為相反卦。

泰與否作為符意原則、既濟與未濟作為辯證原則、隨與蠱作為動靜／生死原則（be water 與死水一潭）、歸妹與漸作為速度原則（頓漸）。

以上非此即彼（隱的絕對性、排中絕對），相對＝相反，每一卦的對應卦為自身卦。

此十六卦為論述骨幹，可提供思考的標準。

其餘四十八卦可分為十二個方陣研習，就十二個主題詳細梳理。

存在主題：復、剝、姤、夬——命宮
修養主題（超越體證）：震、艮、兑、巽——福德宮
修養主題（道德與自由）：渙、節、豐、旅——遷移宮
修養主題（禮教與內在體證）：豫、謙、履、小畜——疾厄宮
情感主題：恆、咸、損、益——男女宮
慾望主題：明夷、晉、訟、需——父母宮
家庭問題：解、蹇、睽、家人——田宅宮
社交問題：師、比、同人、大有——交友宮
經濟主題（貿易）：噬嗑、賁、困、井——夫妻宮
經濟主題（資本）：無妄、大畜、萃、升——財帛宮
政治主題：臨、觀、大壯、遯——事業宮
革命主題：蒙、屯、革、鼎——兄弟宮

易六十四卦新卦辭與爻辭（上）

01 復卦：存在。（不斷）回來。反覆出現。恢復。「本體」。

卦名：復

卦形：䷗ 一陽居於五陰之下，陽氣向上走，呈恢復之貌。

卦義：地雷復。地底下有騷動，象徵生機勃現，預示冬去春來。

初九：復之坤 ䷁ 大吉

潛在。復歸至零位，恢復到無限可能性，一切重新開始，潛能無限。

六二：復之臨 ䷒ 吉

存在「來臨」。Becoming。存在的躍動。

六三：復之明夷 ䷣ 凶，無咎

存在的暗位。影子。存在的倒影。

六四：復之震 ䷲ 無所謂吉凶

存在的震動。個體性。獨然此在。

六五：復之屯 ䷂ 無悔

存在的確認。佔有時空的存在。我在此時，我在此地。

上六：復之頤 ䷚ 凶

存在的惰性。

方陣關係：與剝相對（有與無），與姤相反（存在並不偶然），與夬相應（存在與意志相應）。

參考《周易》復卦經文：

復，亨。出入無疾，朋來無咎。反復其道，七日來復，利有攸往。

初九：不遠復，無祗悔，元吉。

六二：休復，吉。

六三：頻復，厲，無咎。

六四：中行獨復。

六五：敦復，無悔。

上六：迷復，凶，有災眚，用行師，終有大敗。以其國君，凶。至於十年不克征。

02 剝卦：虛無。剝落。疏離。異化。瓦解。「本體」之另一面。

卦名：剝

卦形：䷖ 一陽居於五陰之上，陽氣行將脫離。

卦義：山地剝。大地上的山巒，不斷遭受水土侵蝕，象徵剝落。

初六：剝之頤 ䷚ 凶

疏離的第一階段：存在之惰性。主體之解構。

六二：剝之蒙 ䷃ 凶

疏離的第二階段：對當下無所知而焦慮與失落。主體之進一步解構。

六三：剝之艮 ䷳ 無咎

止步於疏離。疏離的完成。

六四：剝之晉 ䷢ 凶

不甘心，（妄）動而前進。

六五：剝之觀 ䷓ 無不利

進達新境，回過頭來，不免躊躇。

上九：剝之坤䷁君子吉，小人凶

柳暗花明，重認主體。

方陣關係：與復相對（無與有），與夬相反（虛無並非必然），與姤相應（虛無感與無常相應）。

參考《周易》剝卦經文：

剝，不利有攸往。

初六：剝床以足，蔑貞，凶。

六二：剝床以辨，蔑貞，凶。

六三：剝之無咎。

六四：剝床以膚，凶。

六五：貫魚，以宮人寵，無不利。

上九：碩果不食，君子得輿，小人剝廬。

03 夬卦：必然。決定。缺失。意志。命運。存在之確定性。

卦名：缺／決

卦形：䷪

陰爻像一個缺口，呈現向上是陽氣唯一，也是必然出路。

卦義：澤天夬，宛如天上懸著江海，呈決堤之象。

初九：夬之大過 ䷛ 吝

下決定就有犯大錯的可能。另一方面：遇到大錯，確認自己的缺點，決心改變。

九二：夬之革 ䷰ 惕

決定展示出一條必然的道路——革故之路，但改變需要一面做，一面保持警惕。

九三：夬之兌 ䷹ 凶

快樂總令人錯覺它是必然的。另：下定決心必然會感覺良好，但……

九四：夬之需 ䷄ 無悔

有時人會容易覺得自己的需要該必然得到滿足。另一方面，很多時會覺得人人都需要（你的）革命。

九五：夬之大壯 ䷡ 無咎

下了決定，有往無前，即使有可能遍體鱗傷，也不須害怕。

上六：夬之乾 ䷀ 凶

積極自由之墮陷。將己之必然普遍化，加諸別人。理想主義的僭妄。

方陣關係：與姤相對（必然與偶然），與剝相反（決定排斥虛無），與復相應（意志貞定存在）。

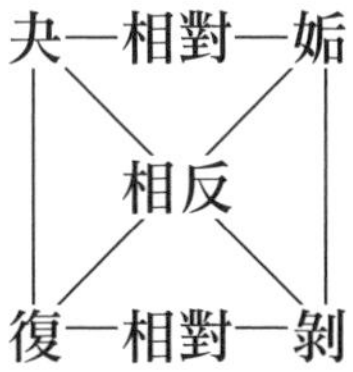

參考《周易》夬卦經文：

夬，揚於王庭，孚號有厲。告自邑，不利即戎，利有攸往。

初九：壯於前趾，往不勝為咎。

九二：惕號，莫夜有戎，勿恤。

九三：壯於頄，有凶。君子夬夬，獨行，遇雨若濡。有慍，無咎。

九四：臀無膚，其行次且，牽羊悔亡，聞言不信。

九五：莧陸夬夬，中行無咎。

上六：無號，終有凶。

04 **姤卦**：偶然。無常。機遇。邂逅。緣份。存在之不確定性。

卦名：逅

卦形：䷫ 陰爻像一個缺口，但陽氣向上，從下面漏走的，只能憑機率決定。

卦義：天風姤，以蒼穹之下，偶來一陣風象徵偶然。

初六：姤之乾 ䷀ 吉中見凶

偶然的創造性。靈感，但沒有保障。

九二：姤之遯 ䷠ 無咎，不利作客

不確定總令人傾向避開，有時變得太被動。

九三：姤之訟 ䷅ 厲，無咎

不確定和欠缺保障帶來爭吵。誤會。

九四：姤之巽 ䷸ 凶

不確定去到極處，來如風去如風。

九五：姤之鼎 ䷱ 無所謂吉凶

但新事物的出現總是偶然的，偶然會促成改變的發生。改變的徵兆（但改變不一定發生）。

上九：姤之大過䷛吝，無咎

偶然犯大錯。但不怕錯的話，它就是改變的開始。

方陣關係：與夬相對（偶然與必然），與復相反（存在感喪失，乃覺萬物生滅無常），與剝相應（認定凡事偶然，往往與歸於虛無同步）。

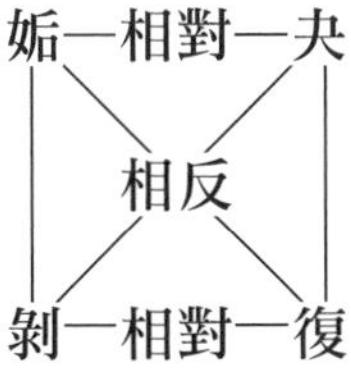

參考《周易》姤卦經文：

姤，女壯，勿用取女。

初六：繫於金柅，貞吉。有攸往，見凶。羸豕孚蹢躅。

九二：包有魚，無咎，不利賓。

九三：臀無膚，其行次且，厲，無大咎。

九四：包無魚，起凶。

九五：以杞包瓜，含章，有隕自天。

上九：姤其角，吝，無咎。

05 坤卦：潛在。隱之創造性。終成原則。承受。孕育。向內收的傾向。「零」。人民。

卦名：巛／川

卦形：䷁ 純陰全缺。陽光照不到，全部折射。

卦義：大地，象徵孕育眾生萬物的內在性。

初六：坤之復 ䷗ 無所謂吉凶

由潛在而存在。

六二：坤之師 ䷆ 無不利

由存在而分裂（存在總分裂為主客，分裂為面向世界者與身處世界者）。可引發爭鬥。

六三：坤之謙 ䷎ 吉凶參半

由避免鬥爭而後退，隱藏起自己。

六四：坤之豫 ䷏ 無咎

由消退而怠倦。

六五：坤之比 ䷇ 大吉

因怠倦而尋求同伴。

上六：坤之剝 ䷖ 凶

因與人相處卻發現溝通最終無效，迎來虛無感。

用六：坤之乾 ䷀ 有利正道

由零變一的飛躍。創造的形上表達。

方陣關係：絕對卦，與乾相反（坤乾互斥，然相加為一個整體），與乾相應（創造的一體兩面，相反相成）。

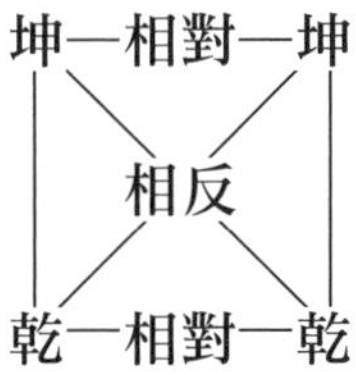

參考《周易》坤卦經文：

坤，元亨，利牝馬之貞。君子有攸往，先迷，後得主利。西南得朋，東北喪朋，安貞吉。

初六：履霜，堅冰至。

六二：直方大，不習無不利。

六三：含章可貞，或從王事，無成有終。
六四：括囊，無咎無譽。
六五：黃裳，元吉。
上六：龍戰於野，其血玄黃。
用六：利永貞。

06 **乾卦：**顯之創造性。生成原則。健動。生命力。向外撲的傾向。「一」。領袖。

卦名：健

卦形：䷀ 純陽全直。陽光照得到。

卦義：天空，象徵籠罩眾生萬物的超越性。

初九：乾之姤 ䷫ 勿用

創造的偶然性。又：事物一旦被造，便落入偶然。

九二：乾之同人 ䷌ 利見大人物

偶然的事物頭起頭沒，頭起即被確認，並處於序列之中。

九三：乾之履 ䷉ 惕，厲，無咎

總在序列之中的被造物，宛如總跟著上一物出現。因果性，因而也是限制性。

九四：乾之小畜 ䷈ 無咎

在序列中積累創造能量。

九五：乾之大有 ䷍ 利見大人物

經過積累，創造得以最壯麗的方式表象。

上九：乾之夬 ䷪ 有悔

然而，創造的不完美。每每來到最後才體會得到。

用九：乾之坤 ䷁ 吉

由一變零的破壞毀滅，但沒有毀滅便沒有下一次之創造。

方陣關係：絕對卦，與坤相反（乾坤互斥，惟相加為一個整體），與坤相應（創造的一體兩面，相反相成）。

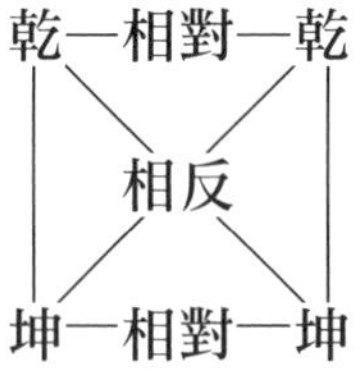

參考《周易》乾卦經文：

乾，元亨利貞。

初九：潛龍勿用。

九二：見龍在田，利見大人。

九三：君子終日乾乾，夕惕若，厲，無咎。
九四：或躍在淵，無咎。
九五：飛龍在天，利見大人。
上九：亢龍有悔。
用九：見群龍無首，吉。

07頤卦：養生。休息。排除太過份的思想與行為。無為原則。藥膳美食。口舌之慾。

卦名：頤

卦形：䷚ 陰爻被一上一下的陽爻包裹，是嘴巴張開，上下顎連牙齒的象形。

卦義：山雷頤。雷聲大，更須適可而止，引申為小心飲食和說話的修養之道。

初九：頤之剝 ䷖ 凶

（過於）重視養生，反而迷失價值。

六二：頤之損 ䷨ 凶

（過於）重視身體，反而招來損傷。Overinvestment on body.

六三：頤之賁 ䷕ 無所利

由養生而容光煥發。表面的健康。

六四：頤之噬嗑 ䷔ 無咎

由養生而貪吃，隨時過份攝取，或病從口入。

六五：頤之益 ䷩ 利居留，不利出門

休養生息，身體有所補益，仍不宜向外撲。

上九：頤之復䷚厲吉，利出門

休養而恢復健康。

方陣關係：絕對卦，與大過相反（無為就是不犯下人生大錯／非有為），與大過相應（「無為而無不為」）。

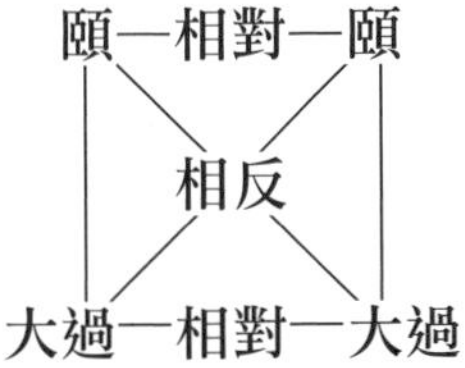

參考《周易》頤卦經文：

頤，貞吉，觀頤，自求口實。

初九：舍爾靈龜，觀我朵頤，凶。

六二：顛頤，拂經，於丘頤，征凶。

六三：拂頤，貞凶。十年勿用，無攸利。

六四：顛頤，吉，虎視眈眈，其欲逐逐，無咎。

六五：拂經，居貞吉，不可涉大川。

上九：由頤，厲吉，利涉大川。

08大過卦：大錯。超過太多。失衡（不適中）。有為原則。排除養生的思想與行為。

卦名：太過

卦形：䷛
陽爻被一上一下的陰爻包裹，有向外爆破，而成過份之勢。

卦義：澤風大過。樹木被大水（過多的水）淹沒，生機斷滅。

初六：大過之夬 ䷪ 無咎

大錯的必然性，錯就是錯，沒有辯駁的餘地。

九二：大過之咸 ䷞ 無不利

大錯是會傳染的，它會影響別人，有時更令別人也犯錯。

九三：大過之困 ䷮ 凶

犯下大錯，造成各種困頓的處境。

九四：大過之井 ䷯ 吉凶參半

在大過之中想通了事情。知錯。

九五：大過之恆 ䷟ 無咎

大錯帶來長遠的影響。恨錯難返。

上六：大過之姤  凶，無咎

大錯的偶然性。大錯難改，但人總能改過。

方陣關係：絕對卦，與頤相反（有為即大錯），與頤相應（「有為而無以為」）。

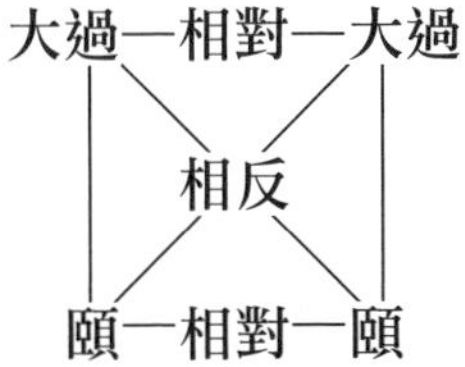

參考《周易》大過卦經文：

大過，棟橈。利有攸往，亨。

初六：藉用白茅，無咎。

九二：枯楊生稊，老夫得其女妻，無不利。

九三：棟橈，凶。

九四：棟隆，吉，有它吝。

九五：枯楊生華，老婦得其士夫，無咎無譽。

上六：過涉滅頂，凶，無咎。

09 中孚卦：真實。信任。虛心。誠信原則。約定。

卦名：忠信

卦形：䷼

兩陰爻被上下陽爻包裹，看似中間空了的結構，也是風箱的象形。

卦義：風澤中孚。木舟航行於大水之上，象徵出門遊歷，而遊歷則首重誠信。

初九：中孚之渙 ䷺ 吉

真實的美。化解矛盾、煥然冰釋的美。

九二：中孚之益 ䷩ 吉

真實的效益。帶來互信。

六三：中孚之小畜 ䷈ 吉凶參半

真實／科學的預防性。可以令未來的不確定變得可以接受。

六四：中孚之履 ䷉ 無咎

以真理指導行為。以真實為規範。

九五：中孚之損 ䷨ 無咎

真實的害處。說實話可以傷害自己或他人。

上九：中孚之節  凶

真實的約束性（對所有失實的約束）。了解真實壞處之後的約束。

方陣關係：絕對卦，與小過相反（極微小的偏差已不是真實），與小過相應（信之不信）。

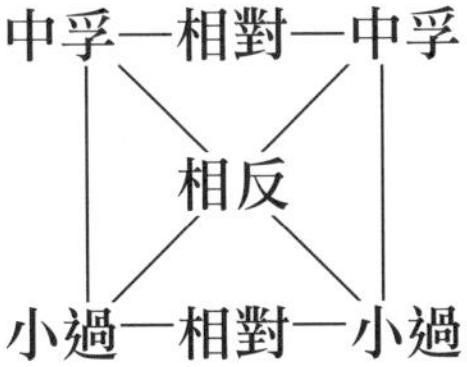

參考《周易》中孚卦經文：

中孚，豚魚吉，利涉大川，利貞。

初九：虞吉，有它不燕。

九二：鳴鶴在陰，其子和之；我有好爵，吾與爾靡之。

六三：得敵，或鼓或罷，或泣或歌。

六四：月幾望，馬匹亡，無咎。

九五：有孚攣如，無咎。

上九：翰音登於天，貞凶。

10小過卦：錯誤。（留痕的）小錯。僅僅超過。失信。

卦名：小過

卦形：䷽ 呈飛鳥之形，象徵飛鳥遺音（小小的過後留痕）。

卦義：雷山小過，上動下靜，即使以洪荒之力，也只能移動大山少許。

初六：小過之豐 ䷶ 凶

小過每在電光火石間犯下。小過易犯，數量自多。

六二：小過之恒 ䷟ 無咎

即使是小錯，也會帶來長遠的影響。恨錯難返。

九三：小過之豫 ䷏ 凶

小錯容易令人忽略，也因其小，懶於改過。

九四：小過之謙 ䷎ 無咎，勿用

退一步，海闊天空；小錯在那空間中更顯得無關重要。

六五：小過之咸 ䷞ 吉凶參半

小錯（比大錯更）容易傳染。

上六：小過之旅 ䷽ 凶

錯的獨特性。無論怎樣微小，錯始終是錯本身。

方陣關係：絕對卦，與中孚相反（最基本的過失就是失信於人），與中孚相應（不信之信）。

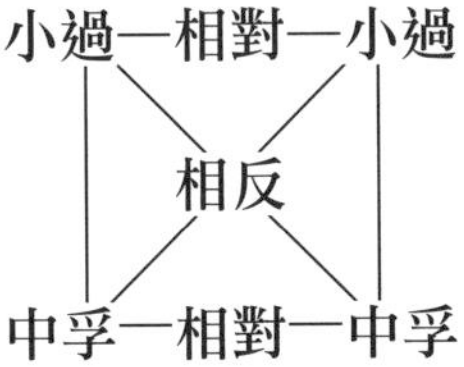

參考《周易》小過卦經文：

小過，亨，利貞。可小事，不可大事。飛鳥遺之音，不宜上，宜下。大吉。

初六：飛鳥以凶。

六二：過其祖，遇其妣，不及其君，遇其臣，無咎。

九三：弗過防之，從或戕之，凶。

九四：無咎，弗過遇之，往厲必戒，勿用永貞。

六五：密雲不雨，自我西郊，公弋取彼在穴。

上六：弗遇過之，飛鳥離之，凶，是謂災眚。

11 坎卦：黑暗。（致命）危險。看似虛幻的真實（危險）。沒頂。如陷落地洞的下沉。

卦名：陷

卦形：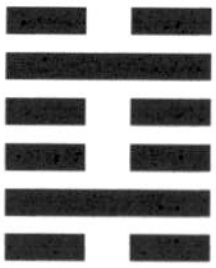

上下卦皆以陰虛包裹陽實，外柔內剛，外虛內實，也是水字的象形。

卦義：上下皆水，象徵有關水與暗的一切。

初六：坎之節  凶

看見危險，我們便知所約束。

九二：坎之比  凶中見吉

遇見危險，我們便找上同伴幫忙。

六三：坎之井  勿用

遇見危險，我們便會尋找出路。就像沒有水，就掘井。

六四：坎之困  無咎

危險令我們困於一隅，四無出路。

九五：坎之師  無咎

危險令我們分化，帶來爭鬥。

上六：坎之渙 ䷺ 凶

危險令組織瓦解，集體離散。

方陣關係：絕對卦，與離相反（黑暗就是沒有光明），與離相應（危險總是美麗的）。

參考《周易》坎卦經文：

習坎，有孚，維心亨，行有尚。

初六：習坎，入於坎窞，凶。

九二：坎，有險，求小得。

六三：來之坎坎，險且枕，入於坎窞，勿用。

六四：樽酒，簋貳，用缶，納約自牖，終無咎。

九五：坎不盈，祗既平，無咎。

上六：係用徽纆，寘於叢棘，三歲不得，凶。

12 離卦：光明。亮麗。看似真實的虛幻。編織。虛構。昇華。

卦名：麗

卦形：䷝

上下卦皆以陽實包陰虛，外剛內柔，外實內虛。

卦義：上下皆火，象徵關於火與光的一切。

初九：離之旅 ䷷ 無咎

美的浪漫性。浪漫總看來很美。

六二：離之大有 ䷍ 大吉

美的充塞性。美能佔據人的心靈。

九三：離之噬嗑 ䷔ 凶

美的交易性。美的商業化。美（有時）是牢獄，美（有時）是陷阱。

九四：離之賁 ䷕ 凶

美的外鑠。火光映照的幻相。

六五：離之同人 ䷌ 吉

美的連結性。美甚至令不同時代的人走到一起。

上九：離之豐　無咎

美的豐盛面。繁花似錦，當下鼎盛。

方陣關係：絕對卦，與坎相反（光明就是沒有黑暗），與坎相應（美麗的事物往往有危險）。

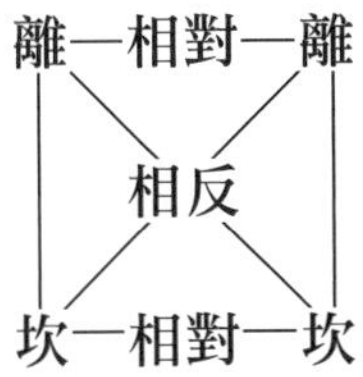

參考《周易》離卦經文：

離，利貞，亨，畜牝牛，吉。

初九：履錯然，敬之，無咎。

六二：黃離，元吉。

九三：日昃之離，不鼓缶而歌，則大耋之嗟，凶。

九四：突如其來如，焚如，死如，棄如。

六五：出涕沱若，戚嗟若，吉。

上九：王用出征，有嘉折首，獲匪其醜，無咎。

13 節卦：約束。節制。固定。扎根。道德。

卦名：節

卦形：䷻

卦義：水澤節。下面湖泊把上面多餘的江水貯起來，節制水流。

初九：節之坎 ䷜ 無咎

節制的危險。節制的弔詭之一：節制帶來壓抑，令被壓抑了的有可能於未來以更大的能量回歸，帶來傷害。

九二：節之屯 ䷂ 凶

規範令人過慮與軟弱，不敢前行。

六三：節之需 ䷄ 無咎

節制的弔詭之二：禁忌（反而）提醒當事人那被禁止的需要。

六四：節之兌 ䷹ 吉

名教中自有樂地，道德與自由有時看來並不衝突。

九五：節之臨 ䷒ 吉

節制有度，成有德之士，居高臨下，顧盼自如。

上六：節之中孚 ䷼ 凶，無悔

規範到頭來是一種約定，要求真誠的信守。

方陣關係：與渙相對（節制與渙散），與旅相反（規範與自由不相容），與豐相應（道德為規範眾人言行而設）。

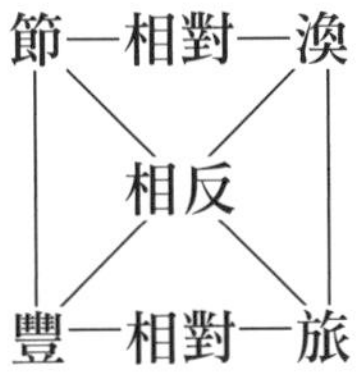

參考《周易》節卦經文：

節，亨。苦節，不可貞。

初九：不出戶庭，無咎。

九二：不出門庭，凶。

六三：不節若，則嗟若，無咎。

六四：安節，亨。

九五：甘節，吉，往有尚。

上六：苦節，貞凶，悔亡。

14 渙卦：離散。消失。雜多不（再）存在。吹皺一池春水。憂鬱。頹廢美。

卦名：渙／煥／換

卦形：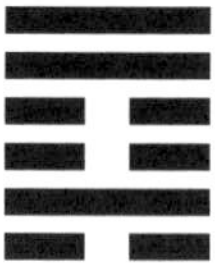

卦義：風水渙。風吹過水面，水波離散之象。

真實的東西都煙消雲散了。就在事物的消解裡我們跟真實驚鴻一瞥。

初六：渙之中孚  吉

九二：渙之觀  無悔

消失成為審美對象。在消失中我們跟美匆匆照面。

六三：渙之巽  無悔

消失的資訊性。在消失中我們閱讀訊息。

六四：渙之訟  大吉

但不同的人對訊息有不同的看法。觀點相異可出現爭拗。

九五：渙之蒙  無咎

似有可知，終無可知。又或者，未待可知，已無可知。

上九：渙之坎 無咎

事物完全消失。意義的黑洞與危機。真、美、符旨均如曇花一現，僅此而已。

方陣關係：與節相對（渙散與節制），與豐相反（消失便是讓雜多趨於無），與旅相應（消失是一種解放，而孤獨也往往與憂鬱同行）。

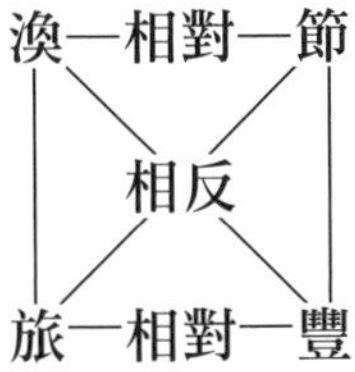

參考《周易》渙卦經文：

渙，亨。王假有廟，利涉大川，利貞。

初六：用拯馬壯，吉。

九二：渙奔其机，悔亡。

六三：渙其躬，無悔。

六四：渙其群，元吉，渙有丘，匪夷所思。

九五：渙汗其大號，渙王居，無咎。

上九：渙其血，去逖出，無咎。

15豐卦：興盛。熱鬧。雜多。眾數。閃電速成。

卦名：豐（大鼓）

卦形：䷶

卦義：雷火豐。煙花爆放，大鼓鼓聲如雷響起，熱鬧繽紛。

初九：豐之小過 ䷽ 無咎

喧鬧裡總藏有小疵。但一般人不會留意。

六二：豐之大壯 ䷡ 吉

如熱鬧的舞會，內有太多沒頭沒腦的歡愉。勃盛（對意義）的傷害性。

九三：豐之震 ䷲ 無咎

如熱鬧的舞會，充滿活力，激動人心。

九四：豐之明夷 ䷣ 吉

熱鬧的暗處。還沒人注意的陰暗和衰敗。又：雜多總是暗黑的。

六五：豐之革 ䷰ 吉

而這些陰暗與衰敗，有需要成為過去。（誰不想熱熱鬧鬧的送走要扔掉的過去？）

上六：豐之離 凶

興盛的虛幻性。在興盛背後或之後，有太多我們須要注意的地方。

方陣關係：與旅相對（熱鬧與孤獨），與渙相反（雜多就是沒有消失，就在那裡的東西），與節相應（人多了，就要管）。

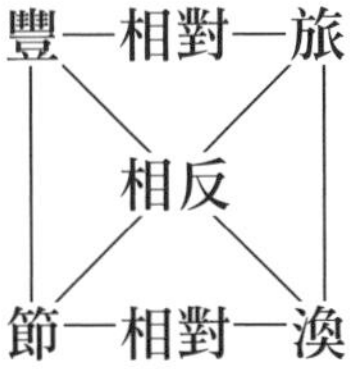

參考《周易》豐卦經文：

豐，亨，王假之。勿憂，宜日中。

初九：遇其配主，雖旬無咎，往有尚。

六二：豐其蔀，日中見斗。往得疑疾，有孚發若，吉。

九三：豐其沛，日中見沬。折其右肱，無咎。

九四：豐其蔀，日中見斗，遇其夷主，吉。

六五：來章，有慶譽，吉。

上六：豐其屋，蔀其家，闚其戶，闃其無人，三歲不覿，凶。

16旅卦：孤獨。在路上。流浪。浮蕩無根。單數。冒險。自由。

卦名：旅

卦形：䷷

卦義：火山旅。山火蔓延，但過處，如行旅無定。

初六：旅之離 ䷝ 凶

自由看來很酷，但有苦自己知。

六二：旅之鼎 ䷱ 吉凶參半

上路去，遇上新的人、新的事。新的際遇，是自由的伴奏。

九三：旅之晉 ䷢ 厲

旅途中，每一步都看似在前進，但可能每一步最終都算原地踏步。

九四：旅之艮 ䷳ 無所謂吉凶

然後來到一個地方，浪人想停下來。

六五：旅之遯 ䷠ 吉凶參半

停下來的浪人，或許累了，就此隱姓埋名。

上九：旅之小過 ䷽ 凶

浪人總是無情的。如果他有錯，大抵就是過於自我。

方陣關係：與豐相對（孤獨與熱鬧），與節相反（自由與規範不相容），與渙相應（自由的淒美）。

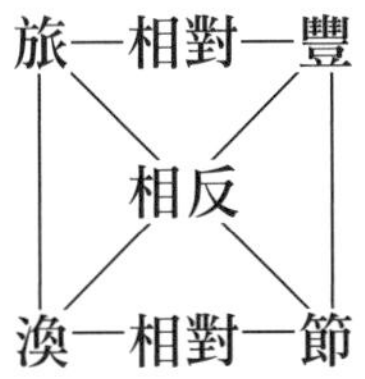

參考《周易》旅卦經文：

旅，小亨，旅貞吉。

初六：旅瑣瑣，斯其所取災。

六二：旅即次，懷其資，得童僕貞。

九三：旅焚其次，喪其童僕，貞厲。

九四：旅於處，得其資斧，我心不快。

六五：射雉，一矢亡，終以譽命。

上九：鳥焚其巢，旅人先笑後號咷。喪牛於易，凶。

17否卦：沒有交流。溝通上的不通。失去意義／價值。符號失效。不順。霉運。

卦名：鄙／嗇

卦形：䷋

三陽爻位於三陰爻之上，陽愈上走，陰愈下蹓，不相交往。

卦義：天上地下，象徵天地不交的不順狀況。

初六：否之無妄 ䷘ 吉

平白無故地倒霉。倒霉總是沒有來由的。

六二：否之訟 ䷅ 小人物吉

諸事不順，心情不好，容易與人爭拗。煩躁。

六三：否之遯 ䷠ 無所謂吉凶

諸事不順，不得不避開一下。忍耐。委屈。

九四：否之觀 ䷓ 無咎

諸事不順，對未來只能採取觀望態度。

九五：否之晉 ䷢ 大人物吉

不幸裡的希望。不會永遠不幸，我們總有望離開不幸。

上九：否之萃 ䷬ 先凶後吉

不幸會積聚（被動），但否極會泰來。

方陣關係：與泰相對（不幸與幸運），與泰相反（不順利，接不通），與否相應（不順與不通兩個層次）。

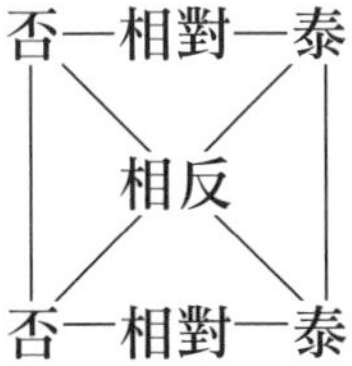

參考《周易》否卦經文：

否之匪人，不利君子貞，大往小來。

初六：拔茅茹，以其彙，貞吉，亨。

六二：包承，小人吉，大人否亨。

六三：包羞。

九四：有命無咎，疇離祉。

九五：休否，大人吉，其亡其亡，繫於苞桑。

上九：傾否，先否後喜。

18泰卦：交流。溝通上的接通。獲得意義／擁抱價值。符號生效。順利。幸運。

卦名：太（好）

卦形：䷊

三陰爻位於三陽爻之上，陰下行，陽上走，相交相會。

卦義：天下地上，象徵天地相交的順利狀況。

初九：泰之升 ䷭ 吉

運氣令人氣上升，平步青雲。

九二：泰之明夷 ䷣ 吉凶參半

好運遮蓋了事物的陰暗面。運氣令人變得盲目（樂觀）。

九三：泰之臨 ䷒ 無咎

好運降臨，容易令人自鳴得意。

六四：泰之大壯 ䷡ 先吉後凶

運氣好，不知進退（隨時栽大跟斗）。

六五：泰之需 ䷄ 大吉

運氣是我們等待降臨的東西。好運需要等待。

上六：泰之大畜  吝

幸運由蓄集（主動）而來，但會泰極否來。

方陣關係：與否相對（幸運與不幸），與否相反（沒有不順，不會接不通），與泰相應（順利與接通兩個層次）。

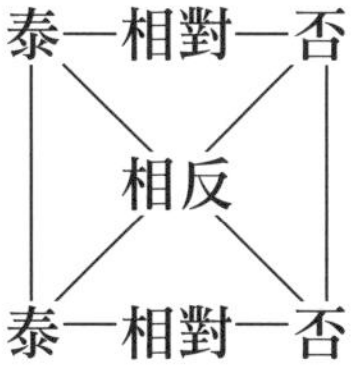

參考《周易》泰卦經文：

泰，小往大來，吉亨。

初九：拔茅茹，以其彙，征吉。

九二：包荒，用馮河，不遐遺，朋亡，得尚於中行。

九三：無平不陂，無往不復。艱貞，無咎。勿恤其孚，於食有福。

六四：翩翩，不富以其鄰，不戒以孚。

六五：帝乙歸妹，以祉元吉。

上六：城復於隍，勿用師。自邑告命，貞吝。

19 隨卦：隨和。隨波逐浪。隨機應變。內在體證。權。生死原則（如水，生動）。

卦名：隨

卦形：䷐

卦義：澤雷隨。湖水流動不息之象。

初九：隨之萃 ䷬ 吉

如水滙聚於低處。「居善地」。

六二：隨之兌 ䷹ 幼吉長凶

Be water 之樂。「心善淵，與善仁，言善信」。

六三：隨之革 ䷰ 長吉幼凶，居留吉

乘浪而起，推動改革。然風高浪急，自求多福。「政善治」。

九四：隨之屯 ䷂ 凶，無咎

隨浪而起之改變，仍不無開始時之艱辛。

九五：隨之震 ䷲ 吉

但最後都會帶來基進的改變（radical change），撼動舊制。「事善能」。

上六：隨之無妄䷘無所謂吉凶

說到底，如水無形無影，無可預測。「動善時」（方可免災）。

方陣關係：與蠱相對（機變與僵化），與蠱相反（不固定），與隨相應（流，不同層次的流）。

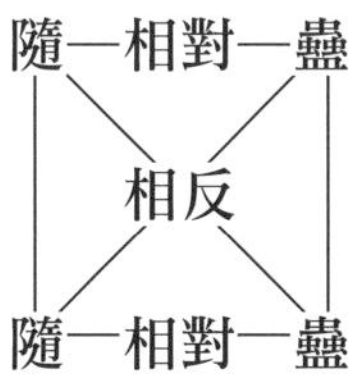

參考《周易》隨卦經文：

隨，元亨利貞，無咎。

初九：官有渝，貞吉。出門交有功。

六二：係小子，失丈夫。

六三：係丈夫，失小子。隨有求得，利居貞。

九四：隨有獲，貞凶。有孚，在道以明，何咎？

九五：孚於嘉，吉。

上六：拘係之，乃從維之，王用亨於西山。

20 蠱卦：僵化。腐敗。如中劇毒。整頓修補。經。生死原則之另一面（壞死）。

卦名：蠱／固

卦形：䷑

卦義：山風蠱。山木是一棵參天大樹，無人（可）砍伐，只有內部生蟲自己倒下。

初六：蠱之大畜 ䷙ 厲，終吉

面對大敗壞，（人們只可）保存實力。

九二：蠱之艮 ䷳ 無所謂吉凶

停下妄進的步伐，好好思考。

九三：蠱之蒙 ䷃ 無咎

思考無所得。認識自己的無知。回到基點。

六四：蠱之鼎 ䷱ 吝

病已深，不得不治療修補，走出新的一步。

六五：蠱之巽 ䷸ 吉凶參半

毒入骨髓，須刮骨療毒。

上九：蠱之升  吉

乘風而升。完成整頓。

方陣關係：與隨相對（僵化與機變），與隨相反（不流動），與蠱相應（爛死與修飭兩個層次）。

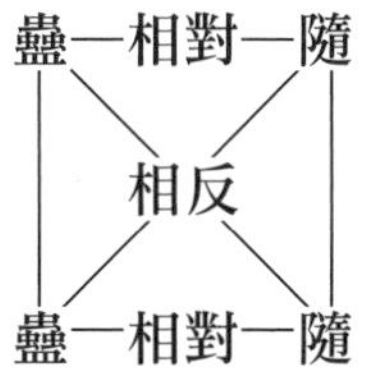

參考《周易》蠱卦經文：

蠱，元亨，利涉大川。先甲三日，後甲三日。

初六：幹父之蠱。有子，考無咎，厲，終吉。

九二：幹母之蠱，不可貞。

九三：幹父之蠱，小有悔，無大咎。

六四：裕父之蠱，往見吝。

六五：幹父之蠱，用譽。

上九：不事王侯，高尚其事。

21無妄卦：（無端的）災禍。（因意外而來的）絕望。逃不掉。心失養。不安。

卦名：無亡

卦形：䷘

卦義：天雷無妄。被雷擊中，意外成災。天雷轟頂，亦無處可逃。

初九：無妄之否 ䷋ 凶

意外的不幸性。

六二：無妄之履 ䷉ 凶多吉少

禍不單行。意外接踵而來。

六三：無妄之同人 ䷌ 災

災禍的傳染性。招禍者不安，找人幫忙，幫忙的人也惹禍上身。

九四：無妄之益 ䷩ 無咎

災禍的疊加和增益傾向。

九五：無妄之噬嗑 ䷔ 凶

災星當頭，可終致鋃鐺入獄。

上九：無妄之隨  無所利

意外的本質就是隨機性。面對亦只能隨遇而安。

方陣關係：與大畜相對（心靈之失養與安養），與升相反（絕望就是無法超拔），與萃相應（瀰漫四方的無望感總不斷靠攏，然後淹沒當事人）。

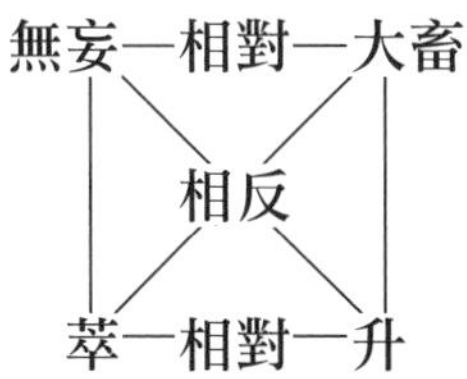

參考《周易》無妄卦經文：

無妄，元亨利貞。其匪正有眚，不利有攸往。

初九：無妄往，吉。

六二：不耕獲，不菑畬，則利有攸往。

六三：無妄之災，或繫之牛，行人之得，邑人之災。

九四：可貞，無咎。

九五：無妄之疾，勿藥有喜。

上九：無妄行，有眚，無攸利。

22大畜：養心。保留及累積實力。地產。預防。穩固。無為養生的條件。

卦名：大蓄

卦形：䷙

卦義：山天大畜。山中自有天地；天空之大，居然可藏於山中，可稱大蓄。

初九：大畜之蠱 ䷑ 厲

蓄養防變由見證敗壞開始。

九二：大畜之賁 ䷕ 凶

先整頓外在的東西。修飾樣貌。

九三：大畜之損 ䷨ 利艱難與出門

蓄養之道，在於減（慾），不在增（資源）。（呼應無為。）

六四：大畜之大有 ䷍ 大吉

養心的成果：大有所得。「德充符」。

六五：大畜之小畜 ䷈ 吉

養心到一定階段，有諸內，形諸外，物亦見養。

上九：大畜之泰 ䷊ 吉

心既養，乃能交，心既交，乃能通。心有靈犀。

方陣關係：與無妄相對（心靈之安養與失養），與萃相反（精神蓄養即在排除物質滙聚），與升相應（精神崇尚超拔）。

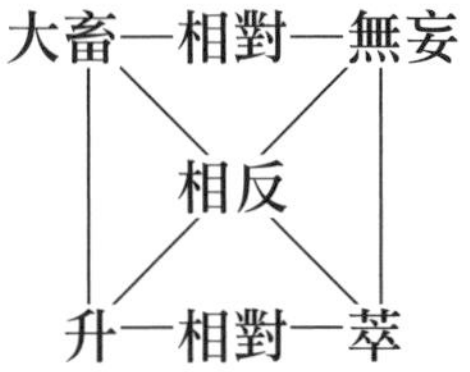

參考《周易》大畜卦經文：

大畜，利貞，不家食，吉，利涉大川。

初九：有厲，利已。

九二：輿說輹。

九三：良馬逐，利艱貞。曰閑輿衛，利有攸往。

六四：童牛之牿，元吉。

六五：豶豕之牙，吉。

上九：何天之衢，亨。

23萃卦：（人群、資本、文化的）聚集。滙粹。矢向朝內。

卦名：粹

卦形：䷬

卦義：澤地萃。水在地上滙聚成湖澤之象。

初六：萃之隨 ䷐ 無咎

聚集的隨機性。

六二：萃之困 ䷮ 無咎

聚集起來，擠困在一塊。

六三：萃之咸 ䷞ 無所利，無咎，小吝

聚集在一起，自然互相感動。

九四：萃之比 ䷇ 大吉，無咎

聚集在一起的人有情感交流，成為同伴、朋友。

九五：萃之豫 ䷏ 無咎，無悔

然後圍爐取暖。

上六：萃之否 ䷋ 無咎

然後走向不幸（始於感動，終於不通）。

方陣關係：與升相對（內聚與蒸發），與大畜相反（物質滙聚即在排除精神蓄養），與無妄相應（人多了資本多了就容易生意外）。

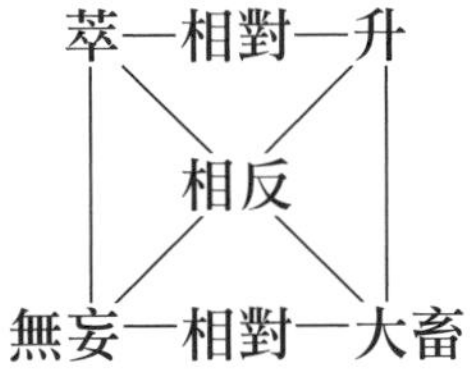

參考《周易》萃卦經文：

萃，亨。王假有廟，利見大人，亨，利貞。用大牲吉。利有攸往。

初六：有孚不終，乃亂乃萃，若號。一握為笑，勿恤，往無咎。

六二：引吉，無咎，孚乃利用禴。

六三：萃如嗟如，無攸利。往無咎，小吝。

九四：大吉，無咎。

九五：萃有位，無咎，匪孚。元永貞，悔亡。

上六：齎咨涕洟，無咎。

24 升卦：上升。人望高處。（人氣、資本、價值的）蒸發。矢向撲面。

卦名：升

卦形：䷭

卦義：地風升。樹木的種子埋在地下，向上生長，節節上升。

初六：升之泰 ䷊ 大吉

升級的第一徵兆：當事人行事順利。

九二：升之謙 ䷎ 無咎

升級的第二徵兆：當事人待人謙虛有禮。

九三：升之師 ䷆ 凶

升級招人嫉妒，引來爭鬥。

六四：升之恆 ䷟ 吉，無咎

既然升級了，乃想保留處於高位。

六五：升之井 ䷯ 吉

升級了，要與下級的人保持良好關係。

上六：升之蠱 ䷑ 吉凶參半

權力令人腐化，升到高位，就是敗壞的開始。

方陣關係：與萃相對（上升與聚合），與無妄相反（能超拔就有希望），與大畜相應（超拔與養心同途）。

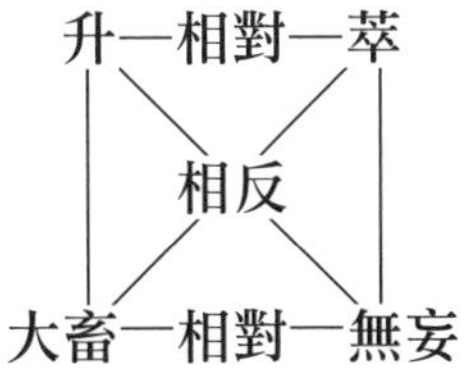

參考《周易》升卦經文：

升，元亨。用見大人，勿恤。南征吉。

初六：允升，大吉。

九二：孚乃利用禴，無咎。

九三：升虛邑。

六四：王用亨於岐山，吉，無咎。

六五：貞吉，升階。

上六：冥升，利於不息之貞。

25未濟卦：未能達到目的。未能上岸。不達標。辯證原則：不利之利。

卦名：未濟

卦形：䷿ 陰爻與陽爻梅花間竹排列，陰居陽位（一三五），陽居陰位（二四六），未得其所。

卦義：火水未濟。火勢向上，水勢向下，兩者愈行愈遠，象徵目標無法實現。

初六：未濟之睽 ䷥ 吝

背棄自己（同伴），自不能完成（共同）目標。

九二：未濟之晉 ䷢ 吉

面對不利，但看見黎明。

六三：未濟之鼎 ䷱ 凶

不利的事情就讓它過去，重新出發。

九四：未濟之蒙 ䷃ 吉，悔亡

要扭轉不利的重新出發，前路茫茫。

六五：未濟之訟 ䷅ 吉，無悔

卡在中途，易與同伴發生爭執。

上九：未濟之解 ䷿ 無咎

最後找到解決方法，因為其實我們可能從來不需要到達彼岸。

方陣關係：與既濟相對（不達標與達標），與既濟相反（未登彼岸），與未濟相應（來回擺渡）。

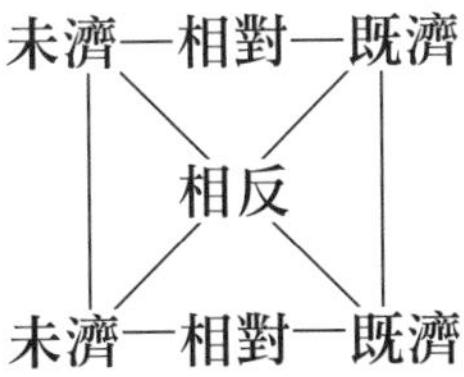

參考《周易》未濟卦經文：

未濟，亨。小狐汔濟，濡其尾，無攸利。

初六：濡其尾，吝。

九二：曳其輪，貞吉。

六三：未濟，征凶，利涉大川。

九四：貞吉，悔亡，震用伐鬼方，三年有賞於大國。

六五：貞吉無悔，君子之光，有孚，吉。

上九：有孚於飲酒，無咎。濡其首，有孚，失是。

26既濟卦：達到目的。上岸。達到指標。辯證原則：利之不利。

卦名：既濟

卦形：䷾

陽爻與陰爻梅花間竹排列，陰居陰位（二四六），陽居陽位（一三五），各得其所。

卦義：水火既濟。火勢向上，水勢向下，兩者相交，象徵目標實現，水到渠成。

初九：既濟之蹇 ䷦ 無咎

達到目的，在下一個目的出現之前，未有行動。

六二：既濟之需 ䷄ 無所謂吉凶

有需要研探下一個目的，但未必立即有頭緒。

九三：既濟之屯 ䷂ 勿用

徘徊不決，難有行動。

六四：既濟之革 ䷰ 吉凶參半

要有下一步行動，便要拋掉固有觀念，包括過去的成功。

九五：既濟之明夷 ䷣ 吉凶參半

達標的陰暗面。利中有不利。利後見不利。

上六：既濟之家人 ䷤ 厲

達成目標本身，就像一天工作完成，回到家裡一樣。

方陣關係：與未濟相對（達標與不達標），與未濟相反（離開水面上岸），與既濟相應（達成與獲利兩個層次）。

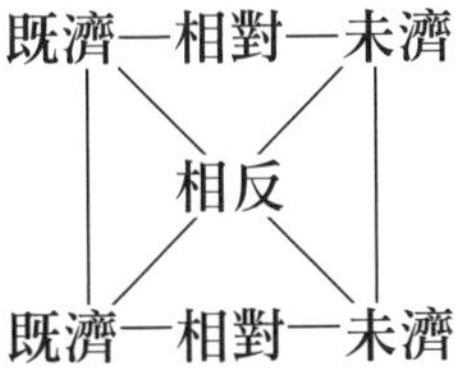

參考《周易》既濟卦經文：

既濟，亨小，利貞。初吉終亂。

初九：曳其輪，濡其尾，無咎。

六二：婦喪其茀，勿逐，七日得。

九三：高宗伐鬼方，三年克之，小人勿用。

六四：繻有衣袽，終日戒。

九五：東鄰殺牛，不如西鄰之禴祭，實受其福。

上六：濡其首，厲。

27 歸妹卦：欲速不達。急速。當下即是。頓教。

卦名：嫁女

卦形：䷵

卦義：雷澤歸妹，上為老男，下為少女。老夫剝削少妻，過於喉急不宜結婚之象。

初九：歸妹之解 ䷧ 吉

急速尋求解決方法。

九二：歸妹之震 ䷲ 吉凶參半

企圖以震懾之法取勝，但計劃有盲點。

六三：歸妹之大壯 ䷡ 凶

沒頭沒腦地高速前進，招致損傷。

九四：歸妹之臨 ䷒ 吉

（但有時）當下有所得，宛如靈明降臨。

六五：歸妹之兌 ䷹ 吉

靈光乍閃之愉悅。

上六：歸妹之睽  無所利

然而靈光速來亦速去。一切高速背離，就像沒有來過那樣。

方陣關係：與漸相對（快與慢），與漸相反（不能循序漸進），與歸妹相應（高速與心急兩個層次）。

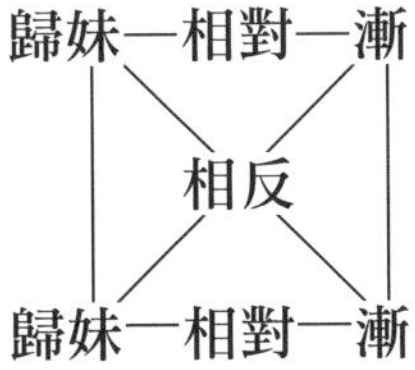

參考《周易》歸妹卦經文：

歸妹，征凶，無攸利。

初九：歸妹以娣，跛能履，征吉。

九二：眇能視，利幽人之貞。

六三：歸妹以須，反歸以娣。

九四：歸妹愆期，遲歸有時。

六五：帝乙歸妹，其君之袂，不如其娣之袂良。月幾望，吉。

上六：女承筐無實，士刲羊無血，無攸利。

28 漸卦：循序漸進。緩慢。漸入佳境。漸教。

卦名：漸

卦形：䷴

卦義：風山漸。下為少男，上為長女，是有經驗的女子引導初哥，漸入佳境之象。

初六：漸之家人 ䷤ 無咎

像家人的關係那樣，需要漫長的時間建立一個過程。

六二：漸之巽 ䷸ 吉

漸漸，風起了，但風從哪裡來？

九三：漸之觀 ䷓ 凶

且慢！讓子彈飛一會。保持觀望態度。

六四：漸之遯 ䷠ 無咎

慢下來，較易發現問題，從而避開。

九五：漸之艮 ䷳ 吉

漫步到要停的地方停下。

上九：漸之蹇 吉

慢活慢走，以致彷彿原地踏步。

方陣關係：與歸妹相對（慢與快），與歸妹相反（不急於功成），與漸相應（慢速與耐心兩個層次）。

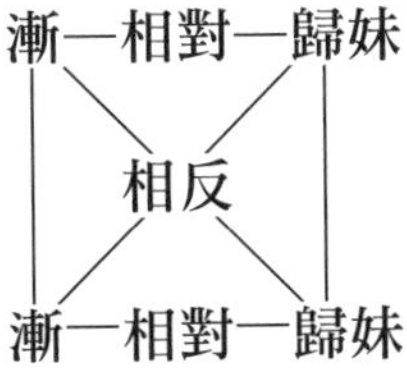

參考《周易》漸卦經文：

漸，女歸吉，利貞。

初六：鴻漸於干，小子厲，有言，無咎。

六二：鴻漸於磐，飲食衎衎，吉。

九三：鴻漸於陸，夫征不復，婦孕不育，凶，利禦寇。

六四：鴻漸於木，或得其桷，無咎。

九五：鴻漸於陵，婦三歲不孕，終莫之勝，吉。

上九：鴻漸於陸，其羽可用為儀，吉。

29 解卦：紓解。解決困難。消除危險。恢復行動。

卦名：解

卦形：䷧

卦義：雷水解。上動下險，象徵採取行動脫離危險。

初六：解之歸妹 ䷵ 無咎

問題很急，但解決的過程不能急。

九二：解之豫 ䷏ 吉

首先放鬆，將注意力從原本的焦點轉移開去。

六三：解之恆 ䷟ 吝

保持耐性與恆心，尋找方案。

九四：解之師 ䷆ 吉

解決問題不怕和人爭持不下。衝擊會帶來新方案。

六五：解之困 ䷮ 吉

盡量走到無可再前進的一步，解決的方法就會浮現。

上六：解之未濟 ䷿ 無不利

解之不解。沒有完全解決的問題。解決了舊問題，也總會有新問題出現。

方陣關係：與蹇相對（有解與無解），與家人相反（要解決問題，便不能如跟家人相處時那般和稀泥），與睽相應（保持差異有助化解危機）。

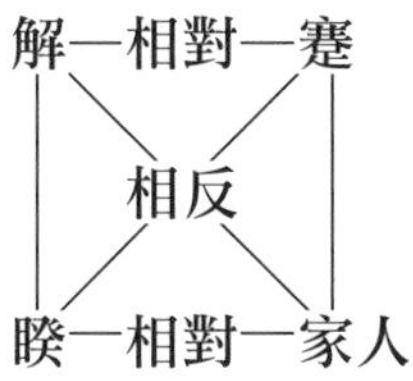

參考《周易》解卦經文：

解，利西南，無所往，其來復吉；有攸往，夙吉。

初六：無咎。

九二：田獲三狐，得黃矢，貞吉。

六三：負且乘，致寇至，貞吝。

九四：解而拇，朋至斯孚。

六五：君子維有解，吉，有孚於小人。

上六：公用射隼於高墉之上，獲之，無不利。

30 蹇卦：殘廢。無解。無法行動。前路不通。回頭是岸。

卦名：蹇

卦形：䷦

卦義：水山蹇。山上有險，如去雙足，無法前進。

初六：蹇之既濟 ䷾ 吉凶參半

達成上一個目標的那一天，就是發現下一步舉步維艱的開始。

六二：蹇之井 ䷯ 吉凶參半

前路不通，唯有退而掘井，縱向投資。

九三：蹇之比 ䷇ 吉凶參半

無法行動，唯有經營人脈，橫向投資。

六四：蹇之咸 ䷞ 吉

投資有成果，感動別人，打好關係。

九五：蹇之謙 ䷎ 吉

前無去路，忍一時退一步也是好的。

上六：蹇之漸 吉，利見大人物

等待時間過去，重新掌握資源和機會，來日再攻關。

方陣關係：與解相對（無解與有解），與睽相反（害怕樹敵只會舉步維艱），與家人相應（家庭是令人甚麼地方也去不了的所在）。

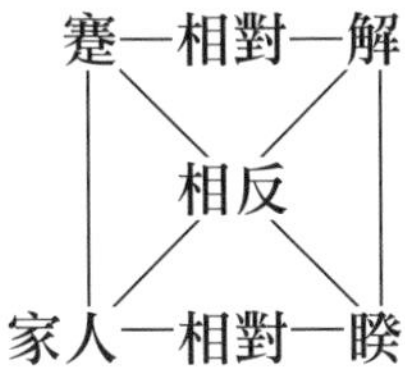

參考《周易》蹇卦經文：

蹇，利西南，不利東北，利見大人，貞吉。

初六：往蹇，來譽。

六二：王臣蹇蹇，匪躬之故。

九三：往蹇，來反。

六四：往蹇，來連。

九五：大蹇，朋來。

上六：往蹇，來碩，吉，利見大人。

31 睽卦：乖離。不和。違反。背棄。差異。道不同不相為謀。離群。排斥他人的孤獨。

卦名：瞿

卦形：䷥

卦義：火澤睽。離為目，為飛鷹在湖上盤桓，隼目瞿然搜索獵物之象，引申為敵視不和。

初九：睽之未濟 ䷿ 無咎

乖離之道，兩頭不到岸。

九二：睽之噬嗑 ䷔ 無咎

離群獨處，不得力，弄不好身陷囹圄。

六三：睽之大有 ䷍ 先凶後吉

離群自持，可自我感覺良好。

九四：睽之損 ䷨ 厲，無咎

惟與別人不和，會帶來損失。

六五：睽之履 ䷉ 無悔

面對不和，須小心翼翼，如履薄冰。

上九：睽之歸妹　先凶後吉

不和的狀態應盡快讓它過去。

方陣關係：與家人相對（背離與親和），與蹇相反（心中沒有去不到的地方自然四處樹敵），與解相應（面對差異方可解決問題）。

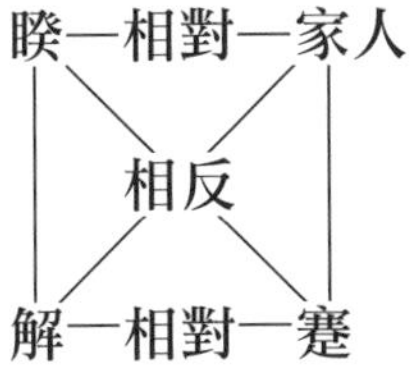

參考《周易》睽卦經文：

睽，小事吉。

初九：悔亡，喪馬勿逐，自復。見惡人，無咎。

九二：遇主於巷，無咎。

六三：見輿曳，其牛掣，其人天且劓，無初有終。

九四：睽孤，遇元夫。交孚，厲無咎。

六五：悔亡。厥宗噬膚，往何咎。

上九：睽孤，見豕負塗，載鬼一車，先張之弧，後説之弧，匪寇婚媾。往，遇雨則吉。

32 家人卦：和諧。家庭。成家立室。血緣。不可化解的糾結關係。

卦名：家人

卦形：䷤

卦義：風火家人。血緣如孽債，風風火火，往往激烈、殘忍與親密並存。

初九：家人之漸 ䷴ 無悔

經過長時間發展，成家立室，之後也可能是長期互相折磨。

六二：家人之小畜 ䷈ 吉

在家儲蓄好，尤其是物質的積蓄。

九三：家人之益 ䷩ 先吉後吝

與人親和，會帶來種種益處，但總有隱憂。

六四：家人之同人 ䷌ 大吉

雖是家人，可同時成為朋友。

九五：家人之賁 ䷕ 吉

家人的相處不該太坦蕩蕩，適當的掩飾是需要的。

上九：家人之既濟䷾吉

家人之間，同舟共濟。一起努力，同達彼岸。

方陣關係：與睽相對（親和與背離），與解相反（無仇不成父子，親情不可解），與蹇相應（家庭妨礙個人實現自我）。

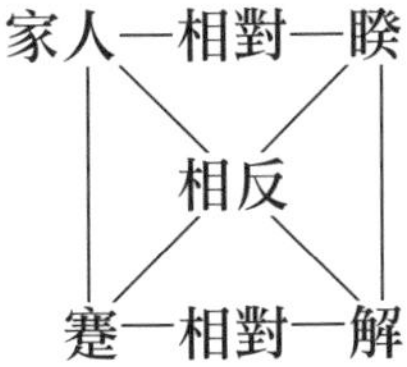

參考《周易》家人卦經文：

家人，利女貞。

初九：閑有家，悔亡。

六二：無攸遂，在中饋，貞吉。

九三：家人嗃嗃，悔厲吉，婦子嘻嘻，終吝。

六四：富家，大吉。

九五：王假有家，勿恤，吉。

上九：有孚，威如，終吉。

易六十四卦新卦辭與爻辭（下）

33蒙卦：蒙昧、無知。（像野草般）遮蔽。無知之知。

卦名：蒙

卦形：䷃

卦義：山水蒙。山下出泉，以泉源象徵童子的蒙昧。未啟蒙時的狀態。

初六：蒙之損 ䷨ 吉凶參半

無知損智，惟損之又損，乃至無為。

九二：蒙之剝 ䷖ 吉

無知帶來虛無感，但反而可提供玄思的契機。

六三：蒙之蠱 ䷑ 無所利

無知某程度上令人僵化。

六四：蒙之未濟 ䷿ 吝

學海無涯，無知就像在知識之海浮沉，總不到岸。

六五：蒙之渙 ䷺ 吉

無知狀態下，精神有時渙散，但有時也可因放鬆而至無知之知的境界。

上九：蒙之師 ䷆ 有利防守

無所知，就會傾向以拳頭代替說理，此時自衛尚可。

方陣關係：與屯相對（無知反而不怕冒昧向前），與革相反（不能拋開固有觀念，其實就是無知），與鼎相應（不要知和想太多才能創新）。

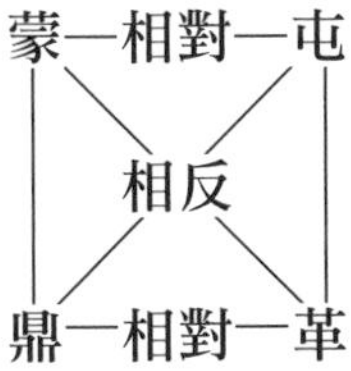

參考《周易》蒙卦經文：

蒙，亨。匪我求童蒙，童蒙求我。初筮告，再三瀆，瀆則不告。利貞。

初六：發蒙。利用刑人，用說桎梏，以往吝。

九二：包蒙，吉。納婦吉，子克家。

六三：勿用取女，見金夫，不有躬，無攸利。

六四：困蒙，吝。

六五：童蒙，吉。

上九：擊蒙，不利為寇，利禦寇。

34 屯卦：蹲下。屯積。徘徊不前。萬事起頭難。

卦名：屯

卦形：䷂

卦義：水雷屯。炸藥擺在面前，明明白白的看到危險，不敢貿然向前。

初九：屯之比 ䷇ 有利留下

不敢向前，但又害怕被指摘，最好得到別人認同。

六二：屯之節 ䷻ 先凶後吉

既屯駐下來，便得立規矩，定準則。

六三：屯之既濟 ䷾ 吝

（對自己說）已經達到目的，不妨就此屯休。

六四：屯之隨 ䷐ 吉，無不利

不知停下來到何時，得看時機而定。

九五：屯之復 ䷗ 小吉大凶

停下來久了，精神和健康會得到一定的恢復。

上六：屯之益䷩凶

但不思進取，最後增加和得到的又會是甚麼呢？

方陣關係：與蒙相對（知道了反增顧忌，難以前進），與鼎相反（不能創新，依戀固有位置，徘徊不前），與革相應（革命的困難）。

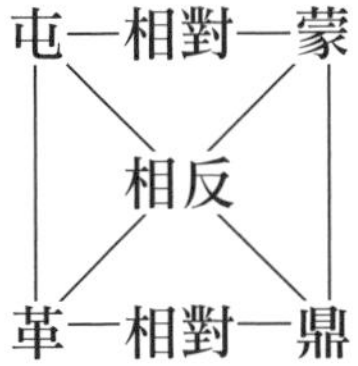

參考《周易》屯卦經文：

屯，元亨，利貞。勿用有攸往，利建侯。

初九：磐桓，利居貞，利建侯。

六二：屯如邅如，乘馬班如，匪寇婚媾，女子貞不字，十年乃字。

六三：即鹿無虞，惟入於林中。君子幾不如舍。往吝。

六四：乘馬班如，求婚媾，往，吉無不利。

九五：屯其膏，小貞吉，大貞凶。

上六：乘馬班如，泣血漣如。

35 損卦：損失。財產減少。健康變差。減慾（包括求知慾）。修道。

卦名：損

卦形：䷨

卦義：山澤損。山下有澤，湖水侵蝕山根，象徵損失。另：少男居於少女之上，以性愛體位不利男方，象徵勞損過度。

初九：損之蒙 ䷃ 無咎

慾望減少，由不追求知識開始。

九二：損之頤 ䷚ 有利居家，不利出門

養生從來是減法。

六三：損之大畜 ䷙ 吉凶參半

損之又損，修心養性，自有所得。

六四：損之睽 ䷥ 無咎

背棄自己的身體，逆著肉體的慣性而鍛鍊、修練。

六五：損之中孚 ䷼ 大吉

損之又損，去到再無法減損的真實面前。

上九：損之臨䷒無咎，有利出門

境界降臨，超越體證完成。

方陣關係：與益相對（損失與得益），與咸相反（去慾），與恒相應（損慾以長生）。

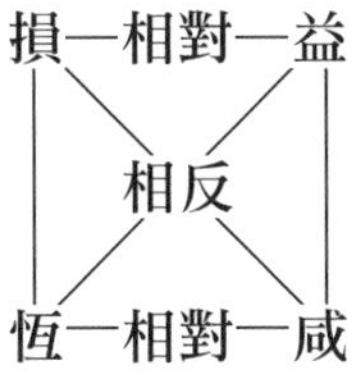

參考《周易》損卦經文：

損，有孚，元吉，無咎可貞，利有攸往。曷之用，二簋可用享。

初九：已事遄往，無咎，酌損之。

九二：利貞，征凶。弗損，益之。

六三：三人行，則損一人，一人行，則得其友。

六四：損其疾，使遄有喜，無咎。

六五：或益之十朋之龜，弗克違，元吉。

上九：弗損，益之，無咎，貞吉，利有攸往，得臣無家。

36 益卦：得益。效益／功利（utility）。增加財富和知識。進學（求學與功利的直接關係）。

卦名：益

卦形：䷩

卦義：風雷益。風雷彼此鼓動，象徵互惠。利益到來，如風雷捲動，即使我們不接受，也沒有人在風雷底下聽見我們不接受。

初九：益之觀 ䷓ 大吉

利益上繳，利益的矢向總由下而上。進學始於觀摩。

六二：益之中孚 ䷼ 吉

利益的實在性。另：進學旨在求真。

六三：益之家人 ䷤ 無咎

利益瓜分，如家人分食。另：學問令人變得親和世故。

六四：益之無妄 ䷘ 吉凶參半

利益逃不掉。凡事皆有效應。另：不斷追求知識是絕望的行為。

九五：益之頤 ䷚ 大吉

效益惠及口實。另：為學亦可配合修道。

上九：益之屯 ䷂ 凶

不斷增加便會剩餘，多出來的便會屯積。屯積是驕橫和不公的泉源。

方陣關係：與損相對（得益與損失），與恆相反（能增加的都不能持久），與咸相應（能感動到對方，就能從對方身上得到好處）。

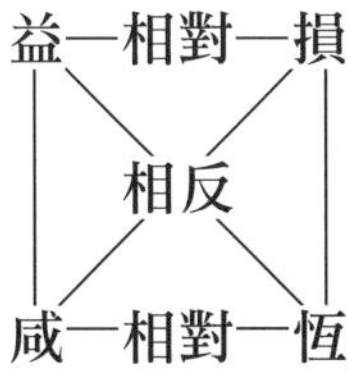

參考《周易》益卦經文：

益，利有攸往，利涉大川。

初九：利用為大作，元吉，無咎。

六二：或益之十朋之龜，弗克違，永貞吉。王用享於帝，吉。

六三：益之用凶事，無咎。有孚中行，告公用圭。

六四：中行，告公從，利用為依遷國。

九五：有孚惠心，勿問元吉。有孚惠我德。

上九：莫益之，或擊之，立心勿恆，凶。

37臨卦：降臨。監管。俯視。由上而下。君主或貴族政治。

卦名：臨／林／霖

卦形：䷒ 四陰爻居於兩陽爻之上，呈居高臨下之勢。

卦義：地澤臨。地下有大水，為築堤防範水災之象。對統治者而言，人民是隨時會泛濫成災的洪水，時刻需要監管。

初九：臨之師 ䷆ 吉

統治者來到，他們需要軍民簇擁，勞師動眾。

九二：臨之復 ䷗ 吉，無不利

在上位者要一而再，再而三地顯示他們的威權。

六三：臨之泰 ䷊ 無所利，無咎

君臨天下，人民需要配合、迎接。

六四：臨之歸妹 ䷵ 無咎

自古稱王稱帝者，只會太急，不會太遲。

六五：臨之節 ䷻ 吉

在上位者須要受到節制（包括自制和他制）。

上六：臨之損 ䷨ 吉，無咎

凡事採取君臨態度，到頭難免損失，但當事人不會介意。

方陣關係：與觀相對（由上而下與由下而上），與遯相反（君主政治不會在歷史隱退），與大壯相應（但君主政治持續造成各種重大的傷害）。

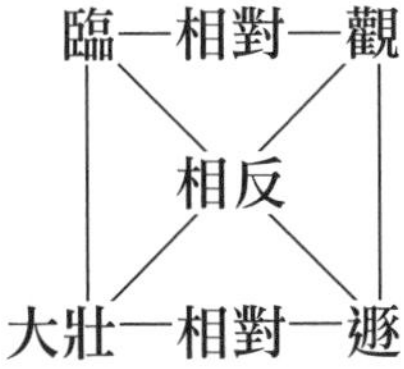

參考《周易》臨卦經文：

臨，元亨，利貞，至於八月有凶。

初九：咸臨，貞吉。

九二：咸臨，吉，無不利。

六三：甘臨，無攸利，既憂之，無咎。

六四：至臨，無咎。

六五：知臨，大君之宜，吉。

上六：敦臨，吉，無咎。

38 觀卦：觀望。觀察。視察。仰視。由下而上。民本或民主政治。

卦名：觀

卦形：䷓ 四陰爻居兩陽爻之下，呈承托而仰望之象。

卦義：風地觀。風行大地，象徵古代君主以民為本，視察民生。

初六：觀之益 ䷩ 小人無咎，君子吝

了解民生，對管治極有益處。另：民主的效益。

六二：觀之渙 ䷺ 利女子

在上位者的權力該分散開去。

六三：觀之漸 ䷴ 無所謂吉凶

視察民情或民主政治的效果，需要時間逐漸體現。

六四：觀之否 ䷋ 利作客

民本或民主都不是有效率的施政方式，不利推行既定政策。

九五：觀之剝 ䷖ 無咎

民本或民主政治講究權力與個人剝離。

上九：觀之比 ䷇ 無咎

民本或民主是對話政治，人民與領袖地位平等，像朋友那樣。

方陣關係：與臨相對（由下而上與由上而下），與大壯相反（民本或民主政治可避免國家遭受大傷害），與遯相應（民主政治此起彼落；成功於一時，隨時又被野心家侵呑其果實）。

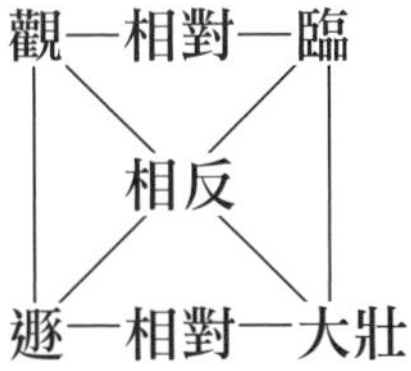

參考《周易》觀卦經文：

觀，盥而不薦，有孚顒若。

初六：童觀，小人無咎，君子吝。

六二：闚觀，利女貞。

六三：觀我生，進退。

六四：觀國之光，利用賓於王。

九五：觀我生，君子無咎。

上九：觀其生，君子無咎。

39師卦：軍隊。眾人。分裂（成眾）。戰爭。角力爭鬥。敵人。

卦名：師

卦形：䷆ 一個不得位的陽爻（九二）被五陰爻包圍，象徵以一統眾作戰。

卦義：地水師。高地下掘戰壕，象徵列陣開打。

初六：師之臨 ䷒ 凶

軍隊來到。

九二：師之坤 ䷁ 無咎

軍隊人數眾多。

六三：師之升 ䷭ 凶

軍隊升起戰旗。

六四：師之解 ䷧ 無咎

瓦解敵軍。

六五：師之坎 ䷜ 凶

兵凶戰危。

上六：師之蒙 ䷃ 勿用

戰爭是沒有眼睛的，無論勝負，人民都是受苦的一方。

方陣關係：與比相對（戰爭與結盟），與同人相反（鬥爭在沒有共同志向的人之間發生），與大有相應（戰爭可以帶來大量戰利品）。

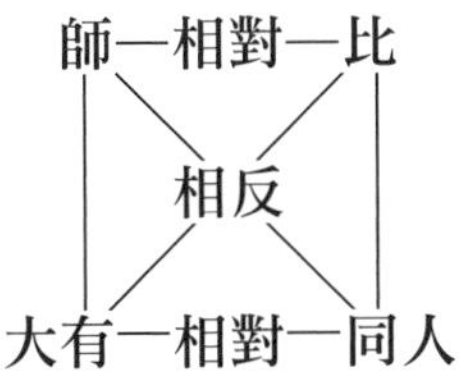

參考《周易》師卦經文：

師，貞，丈人吉，無咎。

初六：師出以律，否臧，凶。

九二：在師中吉，無咎，王三錫命。

六三：師或輿尸，凶。

六四：師左次，無咎。

六五：田有禽，利執言，無咎。長子帥師，弟子輿尸，貞凶。

上六：大君有命，開國承家，小人勿用。

40 比卦：比較。朋友。親信。結伴。團結。

卦名：比

卦形：䷇
一個得位的陽爻被五個陰爻包圍，象徵群雌向一雄靠攏的親密。

卦義：水地比。水處大地之上，有潤澤之象，象徵親和交友。

初六：比之屯 ䷂ 無咎
結交朋友，難在走出示好的第一步。

六二：比之坎 ䷜ 吉
交友便總會有被背叛的危險。

六三：比之蹇 ䷦ 凶
甚麼事情也要一起去做，有時反而甚麼也做不了。

六四：比之萃 ䷬ 吉
交友崇尚自然，是朋友的自會滙聚一起。

九五：比之坤 ䷁ 吉
朋友愈來愈多，成為一個集團。

上六：比之觀 ䷓ 凶

到頭來不斷比較、觀察和選擇朋友，但你在選擇人，人亦能選擇你。

方陣關係：與師相對（結盟與戰爭），與大有相反（朋友互相尊重，不佔有對方），與同人相應（朋友與同志）。

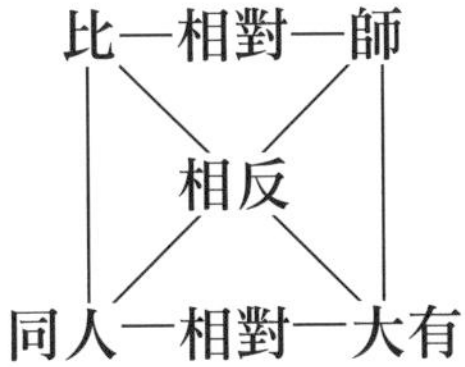

參考《周易》比卦經文：

比，吉。原筮元永貞，無咎。不寧方來，後夫凶。

初六：有孚，比之無咎。有孚盈缶，終來，有它吉。

六二：比之自內，貞吉。

六三：比之匪人。

六四：外比之，貞吉。

九五：顯比，王用三驅，失前禽，邑人不誡，吉。

上六：比之無首，凶。

41 鼎卦：生新。問鼎。新政權之確立。

卦名：鼎

卦形：䷱ 形狀似鼎直立在地。第一條陰爻是鼎足。第五條陰爻是鼎紋。

卦義：火風鼎。風在下助燃，以鼎煮食。有食引申為有權。

初六：鼎之大有 ䷍ 無咎

得鼎者即佔有權位者。天大地大，唯我所有。

九二：鼎之旅 ䷷ 吉

能問鼎天下者，敢稱孤家，敢稱寡人。

九三：鼎之未濟 ䷿ 先凶後吉

理論上，生新的過程要永續才可保證新之為新，那是一條沒有終結之路。

九四：鼎之蠱 ䷑ 凶

然而，權力令人腐化，得鼎同時開始邁向僵化。

六五：鼎之姤 ䷫ 吉

掌權的偶然性。鼎不一定歸你所有，雖云因應種種條件而成大業，亦恰好如此而已。

上九：鼎之恆䷟大吉，無不利

權力之正當性。新制既立，可維持一段時間。

方陣關係：與革相對（取新未必去故），與屯相反（生新就是不滯留固有時空），與蒙相應（事先不知道內容的，才叫新的事物）。

參考《周易》鼎卦經文：

鼎，元吉，亨。

初六：鼎顛趾，利出否，得妾以其子，無咎。

九二：鼎有實，我仇有疾，不我能即，吉。

九三：鼎耳革，其行塞，雉膏不食。方雨虧悔，終吉。

九四：鼎折足，覆公餗，其形渥，凶。

六五：鼎黃耳金鉉，利貞。

上九：鼎玉鉉，大吉，無不利。

42 革卦：去故。丟棄。告別過去。革命。舊人離開（準備新人來）。

卦名：革

卦形：䷰ 把直立的倒置，舊的東西倒出來，就成了革（為盛載新東西做好準備）。

卦義：澤火革。少女居上，次女居下，為兩女同室不相容，其中一女（甚至兩女一起）不得不被革走之象。

初九：革之咸 ䷞ 吉

革故之始，在有所感。對不義不公的同理同情，催生革命。

六二：革之夬 ䷪ 吉，無咎

革命的必然性。革命出於一眾當事人的決心。

九三：革之隨 ䷐ 厲

革命沒有單一的方式，隨涉及之時地人各異而有不同路徑。

九四：革之既濟 ䷾ 無悔，吉

革命有其目標，同志不斷努力達致的方向。

九五：革之豐 ䷶ 吉凶參半

人夠多才能催生革命。革命也關乎士氣，一鼓作氣而天下定。

上六：革之同人䷌凶，不利出門

革命是眾人之事，革命需要連結，需要同志一起努力。

方陣關係：與鼎相對（去故未必取新），與蒙相反（革故除舊，並非兒戲；需要知識和策略），與屯相應（革命之路甚艱難）。

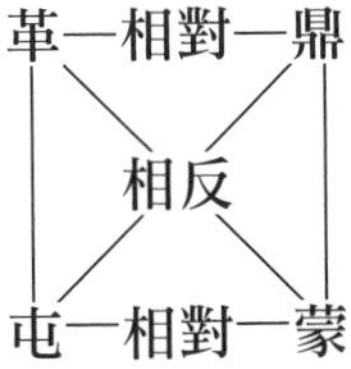

參考《周易》革卦經文：

革，已日乃孚，元亨利貞，悔亡。

初九：鞏用黃牛之革。

六二：已日乃革之，征吉，無咎。

九三：征凶，貞厲，革言三就，有孚。

九四：悔亡，有孚，改命吉。

九五：大人虎變，未占有孚。

上六：君子豹變，小人革面，征凶，居貞吉。

43 恆卦：長久。常態。（理性和精審的）穩定。固定的規格與軌跡。

卦名：恆

卦形：䷟

卦義：雷風恆。長男居外，長女居內。男主外女主內，形成一個穩定的古代家庭關係。引申為長久和常道。

初六：恆之大壯 ䷡ 凶，無所利

穩定以及隨之建立的自信會帶來傷害。

九二：恆之小過 ䷽ 無悔

愈穩定愈容易開始犯錯，即使這些錯誤初時看來多麼小。

九三：恆之解 ䷧ 吝

常態提供緩緩行動的指標。

九四：恆之升 ䷭ 吉中藏凶

依照固定的規格與軌跡（自可）平步青雲，但……

六五：恆之大過 ䷛ 女吉男凶

追求長久長生，是很大的錯誤。

上六：恆之鼎 ䷱ 凶

企圖長治久安，走上鞏固權力之途。

方陣關係：與咸相對（理性對反於感性），與益相反（穩定無益），與損相應（常道由「損之又損，乃至於無為」證成）。

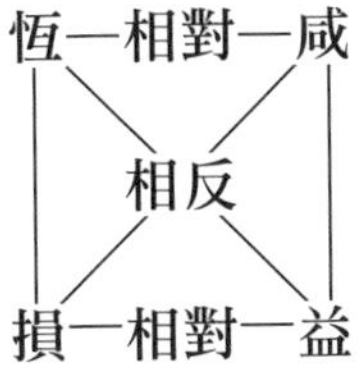

參考《周易》恆卦經文：

恆，亨，無咎，利貞，利有攸往。

初六：浚恆，貞凶，無攸利。

九二：悔亡。

九三：不恆其德，或承之羞，貞吝。

九四：田無禽。

六五：恆其德貞，婦人吉，夫子凶。

上六：振恆，凶。

44咸卦：感動。感性。感情。感通。傾慕。（有時）不穩定、不一致。

卦名：鍼／感／鹹

卦形：䷞

卦義：澤山咸。少女居於少男之上，以游刃有餘的理想性愛體位象徵男女交感。

初六：咸之革 ䷰ 吉凶參半

感動，把人從舊有的關係拉扯出來，離開固有的位置。

六二：咸之大過 ䷛ 動凶靜吉

感情容易失控，容易過度反應（表錯情）。

九三：咸之萃 ䷬ 吝

日久而生情。感情可以滙聚而建立起來。

九四：咸之蹇 ䷦ 無悔，吉

感性的糾結性，往往苦無出路。

九五：咸之小過 ䷽ 無悔

感性總在小眉小眼處出錯。誤會叢生。

上六：咸之遯 ䷠ 吉凶參半

相見爭如不見，有情總似無情。情到濃時情轉薄。感情發展至最頂峰，反而會令人逃避。

方陣關係：與恆相對（感性對反於理性），與損相反（要有感性就不能減損情慾），與益相應（感情帶來效益）。

參考《周易》咸卦經文：

咸，亨，利貞，取女吉。

初六：咸其拇。

六二：咸其腓，凶，居吉。

九三：咸其股，執其隨，往吝。

九四：貞吉，悔亡，憧憧往來，朋從爾思。

九五：咸其脢，無悔。

上六：咸其輔頰舌。

45 大壯卦：氣壯山河。橫衝直撞。受害。重傷。

卦名：太壯／大撞

卦形：䷡ 最上兩個陰爻像羊頭上的角，象徵羊橫衝直撞，用角傷人傷己。

卦義：雷天大壯。雷行天上，其勢甚壯，象徵剛者易折。

初九：大壯之恆 ䷟ 凶

氣勢磅礡，好像可以永遠持久那樣。實質……

九二：大壯之豐 ䷶ 吉

人多勢壯。先聲奪人。

九三：大壯之歸妹 ䷵ 厲

勢壯則氣速，彷彿可以短時間制敵致勝。

九四：大壯之泰 ䷊ 吉，無悔

勢壯則力順，彷彿可以勢如破竹。

六五：大壯之夬 ䷪ 無悔

勢壯則如決堤之水，呈不可遏止之象。但……

上六：大壯之大有 ䷍ 無所利

勢壯則所過之處，為其所佔所有。但……

方陣關係：與遯相對（直衝過去與避開），與觀相反（沒有民本或民主政治，自然傷害人民），與臨相應（傷害人民的每每是君主政治）。

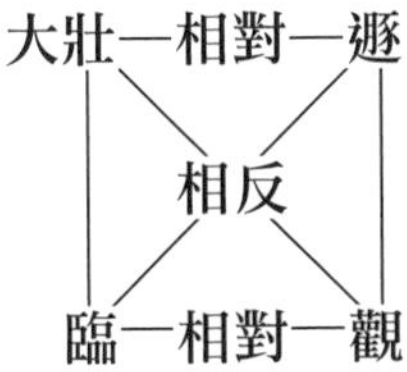

參考《周易》大壯卦經文：

大壯，利貞。

初九：壯於趾，征凶，有孚。

九二：貞吉。

九三：小人用壯，君子用罔。貞厲，羝羊觸藩，羸其角。

九四：貞吉，悔亡，藩決不羸，壯於大輿之輹。

六五：喪羊於易，無悔。

上六：羝羊觸藩，不能退，不能遂，無攸利，艱則吉。

46遯卦：隱居。避開。逃走（逸）。

卦名：遁／象（豚走）

卦形：䷠

卦義：天山遯。天下有山，山高皇帝遠，象徵避隱山林。

初六：遯之同人 ䷌ 厲，勿用

避世者自成特定社群（如竹林七賢，如崔州平、石韜與諸葛亮等組成的荊州民間知識份子社群）。

六二：遯之姤 ䷫ 吉凶參半

逃逸不一定成功，重點在「不一定」。

九三：遯之否 ䷋ 吉凶參半

隱逸不一定順利，重點在「不順」。

九四：遯之漸 ䷴ 君子吉小人凶

緩緩隱退而他人不覺察，堪稱善隱。

九五：遯之旅 ䷷ 吉

隱士都是孤獨，並且享受孤獨的。

上九：遯之咸 ䷞ 無不利

大隱隱於朝，中隱隱於市，小隱隱於野。無論大中小隱，皆易與天地感通，有所啟悟。

方陣關係：與大壯相對（避開與直衝過去），與臨相反（隱逸就是沒有凌駕別人的心），與觀相應（中隱隱於市以觀世情）。

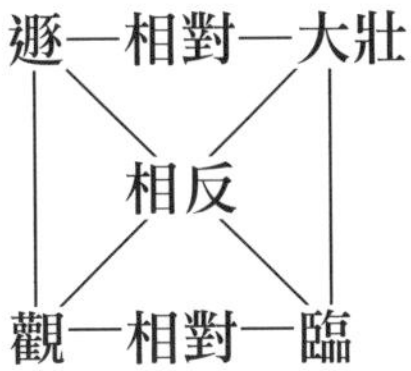

參考《周易》遯卦經文：

遯，亨，小利貞。
初六：遯尾，厲。勿用有攸往。
六二：執之用黃牛之革，莫之勝説。
九三：係遯，有疾厲，畜臣妾吉。
九四：好遯，君子吉，小人否。
九五：嘉遯，貞吉。
上九：肥遯，無不利。

47大有卦：佔有。富有。（得到）幫助。（受到）保祐。

卦名：大有

卦形：䷍

卦義：火天大有。火在天上，象徵日在中天，如日方中的狀況。

初九：大有之鼎 ䷱ 無咎

問鼎天下，得到權位，金錢隨來。

九二：大有之離 ䷝ 無咎

權位與富有，看上去很美。

九三：大有之睽 ䷥ 凶

但富有亦為是非、不和的濫觴。

九四：大有之大畜 ䷙ 無咎

富有該包括心靈的富有，而心有所養，就能應付不和。

六五：大有之乾 ䷀ 吉

真正的富有該能以財生財，生生不息。

上九：大有之大壯 ䷡ 吉凶參半

金權去到最大幅度，但說到底，它最終會以勢凌人，為別人帶來重大傷害。

方陣關係：與同人相對（佔有與分享），與比相反（佔有是歸一，比是二；非比為大有），與師相應（佔據別人領土的意識令戰爭成為人類文明重要特徵之一）。

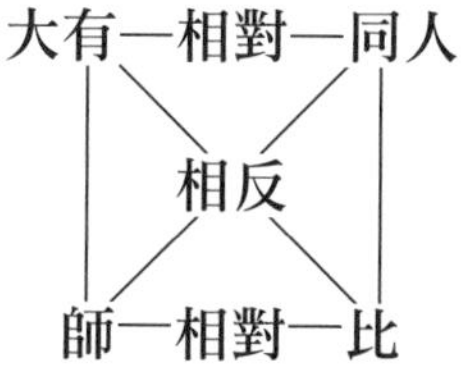

參考《周易》大有卦經文：

大有，元亨。
初九：無交害，匪咎，艱則無咎。
九二：大車以載，有攸往，無咎。
九三：公用亨於天子，小人弗克。
九四：匪其彭，無咎。
六五：厥孚交如，威如，吉。
上九：自天祐之，吉，無不利。

48 同人卦：同志。同盟。分享。相同。

卦名：仝人

卦形：䷌

卦義：天火同人。天下結網（離），象徵結盟。

初九：同人之遯 ䷠ 無咎

同志之間需要保持距離（避開一步），互相尊重。

六二：同人之乾 ䷀ 吝

同志之能動性。結盟就是大家一起行動，一起去做一些事。

九三：同人之無妄 ䷘ 凶

但有人就有江湖，有時會禍起蕭牆，同室無端操戈。

九四：同人之家人 ䷤ 吉

同志之誼去到一個地步，彼此宛如家人。

九五：同人之離 ䷝ 先凶後吉

同志之間，有美好的相處，但也有糾結的時候。

上九：同人之革 ䷰ 無悔

同志之革命性。革命需要同志，同志聯手，帶來革改。

方陣關係：與大有相對（分享與佔有），與師相反（盟國之間沒有戰爭），與比相應（盟友比鄰互助）。

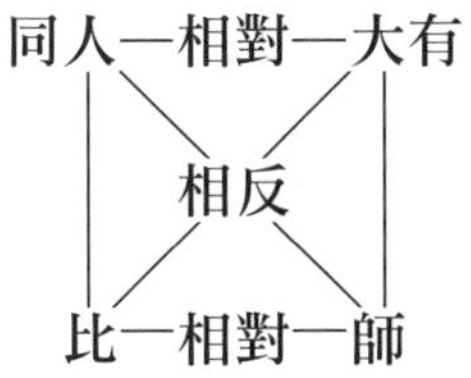

參考《周易》同人卦經文：

同人於野，亨。利涉大川，利君子貞。
初九：同人於門，無咎。
六二：同人於宗，吝。
九三：伏戎於莽，升其高陵，三歲不興。
九四：乘其墉，弗克攻，吉。
九五：同人，先號咷而後笑，大師克，相遇。
上九：同人於郊，無悔。

49 豫卦：享受。逸樂。怠惰。預備之後的揮霍。餘裕。傲慢。自大。

卦名：預／餘

卦形：䷏

卦義：雷地豫。雷本埋藏在地底，現在來到地上，左顧右盼，象徵好整以暇，游刃有餘，再進而驕奢傲慢。

初六：豫之震 ䷲ 凶

雷出地上，游刃有餘，同時種下怠惰和驕傲之根。

六二：豫之解 ䷧ 吉

有餘裕，看來可以用來解決困境和既有問題。

六三：豫之小過 ䷽ 悔

可是，過錯（無論看來怎樣小）的種子，已不知不覺地播下了。

九四：豫之坤 ䷁ 吉凶參半

回到零位。但這次不是重新出發，而是自滿，停在那裡，減損動力。

六五：豫之萃 ䷬ 吉

懶惰和驕傲，也就慢慢（被動地）累積出來。

上六：豫之晉 無咎

有預備就有希望，不論這希望最後能否經得起考驗。

方陣關係：與謙相對（自大與謙虛），與小畜相反（有餘而揮霍是對儲蓄的否定），與履相應（懶於思考和改變的人往往情願他律守禮）。

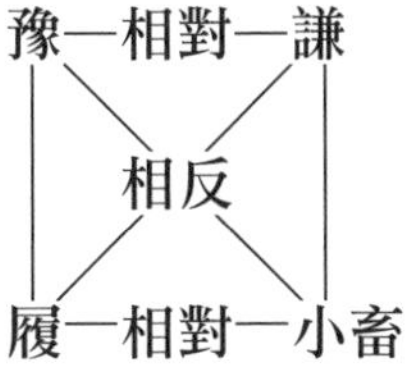

參考《周易》豫卦經文：

豫，利建侯，行師。

初六：鳴豫，凶。

六二：介於石，不終日，貞吉。

六三：盱豫，悔，遲有悔。

九四：由豫，大有得。勿疑，朋盍簪。

六五：貞疾，恒不死。

上六：冥豫，成有渝，無咎。

50謙卦：虛心。退讓。自律。忍辱（自然精進）。退之不退。「不敢為天下先」。

卦名：謙

卦形：䷎

卦義：地山謙。高山藏於地底，象徵有德望和能力高的人，深藏不露，謙遜退讓。

初六：謙之明夷 ䷣ 吉

謙出於暗黑：於暗無天日的逆境，謙為處世王道。

六二：謙之升 ䷭ 吉

謙之超拔性。退而不退，因精神上有所昇華。

九三：謙之坤 ䷁ 吉

謙之包容性。退一步，不干預，令事情都變得有可能。

六四：謙之小過 ䷽ 無不利

小過失也不放過。謙虛的人不怕於人前展示自己的過失（無論怎麼小），承認自己不足。

六五：謙之蹇 ䷦ 無不利

謙退的人，看上去好像寸步難行。

上六：謙之艮  利出擊

謙退與超越體證：知所止，在所止之處退下來。

方陣關係：與豫相對（謙虛與自大），與履相反（謙出於內心，全非外在的禮法或依循固有規範而得），與小畜相應（「不敢為天下先」與「儉」，為道家「三寶」之二）。

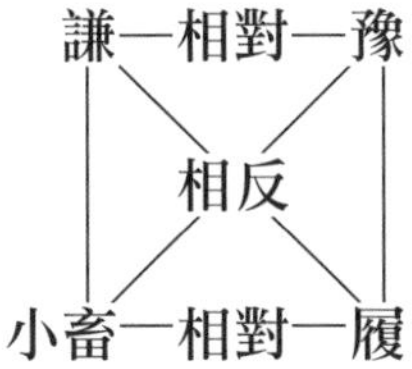

參考《周易》謙卦經文：

謙，亨，君子有終。

初六：謙謙君子，用涉大川，吉。

六二：鳴謙，貞吉。

九三：勞謙，君子有終，吉。

六四：無不利，撝謙。

六五：不富以其鄰，利用侵伐，無不利。

上六：鳴謙，利用行師，征邑國。

51 震卦：恐懼。震動。共振／共鳴。

卦名：震

卦形：䷲

卦義：上下皆雷。雷動而地震。地震而心震。

初九：震之豫 ䷏ 吉

恐懼始於怠倦。沒有了鬥心的人怕東怕西，害怕改變令他失去安逸。

六二：震之歸妹 ䷵ 厲

恐懼既起，會迅速佔據當事人的情緒空間。

六三：震之豐 ䷶ 吉凶參半

恐懼如潮，來勢洶洶。

九四：震之復 ䷗ 凶

恐懼暫時走了會再來，就像潮水一樣。

六五：震之隨 ䷐ 厲

恐懼如影隨形，當事人去到哪裡，它都會跟到哪裡。

上六：震之噬嗑 ䷔ 凶，無咎

恐懼終極定位於貪念（包括貪生）；有所貪就會害怕失去，並且容易動搖和被擾動。

方陣關係：與艮相對（震動與停止擺動），與巽相反（恐懼就是害怕不可知），與兌相應（人言可畏；鬼故事比鬼更令人害怕）。

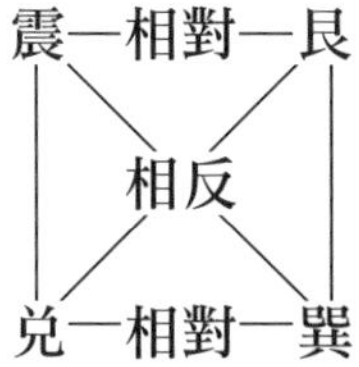

參考《周易》震卦經文：

震，亨。震來虩虩，笑言啞啞，震驚百里，不喪匕鬯。

初九：震來虩虩，後笑言啞啞，吉。

六二：震來厲，億喪貝，躋於九陵。勿逐，七日得。

六三：震蘇蘇，震行無眚。

九四：震遂泥。

六五：震往來厲，億無喪，有事。

上六：震索索，視矍矍，征凶。震不於其躬，於其鄰，無咎。婚媾有言。

52艮卦：停止。背後。修養的起點。超越體證（「止於至善」、「截斷眾流」）。

卦名：艮

卦形：䷳

卦義：上下皆山。見山橫在面前，便得止步。

初六：艮之賁 ䷕ 無咎

修養就像從白紙一張開始，在上面塗染，在上面經營。

六二：艮之蠱 ䷑ 凶

修養是一種修飭，了解人性的腐敗而予以整頓。

九三：艮之剝 ䷖ 無咎

修養更是剝離陋習的過程。過程中盡有虛無的體會。

六四：艮之旅 ䷷ 無咎

修養是孤獨的歷程，如人飲水，冷暖自知。點滴在心頭。

六五：艮之漸 ䷴ 無悔

修養是漸教，循序漸進，欲速則不達。

上九：艮之謙 ䷎ 吉

修養的終點：退而不退，大智若愚，大巧若拙。

方陣關係：與震相對（停止擺動與震動），與兌相反（修養與追求幸福是兩條相斥之路；亦非話語可形容），與巽相應（超拔而有所得；超越體證與遍體清涼之境）。

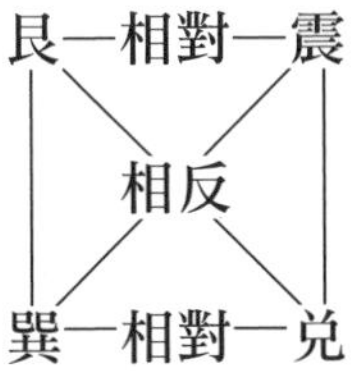

參考《周易》艮卦經文：

艮其背，不獲其身；行其庭，不見其人。無咎。

初六：艮其趾，無咎，利永貞。

六二：艮其腓，不拯其隨，其心不快。

九三：艮其限，列其夤，厲薰心。

六四：艮其身，無咎。

六五：艮其輔，言有序，悔亡。

上九：敦艮，吉。

53 噬嗑卦：醜陋。貿易。功利。刑罰。牢獄。治亂世用重典。

卦名：噬嗑

卦形：䷔

一頭一尾兩支陽爻象徵嘴唇，中間的陽爻象徵嘴裡的物件，乃成咬物之象，引申為食貨和商業活動，再引申為每每與金錢交易有關的刑獄，再引申為食相的醜陋。

卦義：火雷噬嗑。雷電（離）交加，象徵法網刑罰。

初九：噬嗑之晉 ䷢ 無咎

交易的進取性。利之所在，人人奮勇向前。

六二：噬嗑之睽 ䷥ 無咎

交易的出賣「本質」。貿易過程裡，人人為自己的利益而相背。

六三：噬嗑之離 ䷝ 無咎

商業活動的宣傳面向。看上去的精緻，掩藏內裡各色食相。

九四：噬嗑之頤 ䷚ 吉

但求口實，交易傾向企求持續發展（頤養）。

六五：噬嗑之無妄　無咎

病從口入；商場更多意外。

上九：噬嗑之震　凶

追求利益，爾虞我詐，招惹是非，最終可搖動（事業）根基。

方陣關係：與賁相對（醜與美），與井相反（不通則醜），與困相應（困於牢獄，困於貪念）。

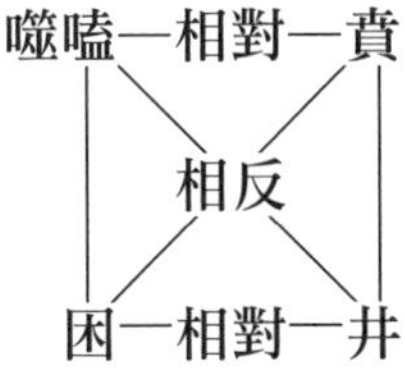

參考《周易》噬嗑卦經文：

噬嗑，亨，利用獄。

初九：屨校滅趾，無咎。

六二：噬膚，滅鼻，無咎。

六三：噬臘肉，遇毒。小吝，無咎。

九四：噬乾胏，得金矢，利艱貞，吉。

六五：噬乾肉，得黃金，貞厲，無咎。

上九：何校滅耳，凶。

54 賁卦：裝飾美。夕陽。黃昏。婚禮（及其排場布置）。文化藝術。治盛世用文教。

卦名：昏

卦形：䷕

卦義：山火賁。山下有火光，映照山色，引申為裝飾美。另：亦為日落西山之象，夕陽無限好之美。

初九：賁之艮 ䷳ 吉凶參半

美的道德性。知所止則美。德性之美。但美也可因此道德性而受損。

六二：賁之大畜 ䷙ 無所謂吉凶

美的心靈性。德性主體是心，美是由心發出來之美。加工文飾的基礎仍在心。

九三：賁之頤 ䷚ 吉

美的養生性。所謂藝術陶冶性情。所謂藝術調劑身心。

六四：賁之離 ䷝ 吉

加工的文飾到最後都有助展露事物本身的亮麗。

六五：賁之家人 ䷤ 先吝後吉

美的親密連結性。藝術文化是通往親密關係的通道。

上九：賁之明夷 ䷣ 無咎

美的暗黑性。沒有暗黑可能的不足稱為美。

方陣關係：與噬嗑相對（美與醜），與困相反（不困則美），與井相應（生命暢通，遍體生輝，自然漂亮）。

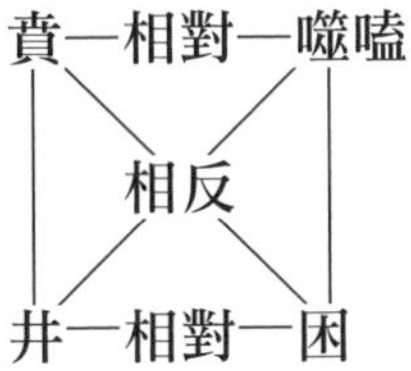

參考《周易》賁卦經文：

賁亨，小利有攸往。

初九：賁其趾，舍車而徒。

六二：賁其須。

九三：賁如濡如，永貞吉。

六四：賁如皤如，白馬翰如，匪寇婚媾。

六五：賁於丘園，束帛戔戔。吝，終吉。

上九：白賁，無咎。

55晉卦：日出／黎明。希望。前進。意識。清醒。出人頭地。

卦名：進

卦形：䷢

卦義：火地晉。太陽升上地表，象徵日出黎明，引申為出人頭地及希望。

初六：晉之噬嗑 ䷔ 無咎

商界是英雄地。交易得利，是出人頭地的捷徑。

六二：晉之未濟 ䷿ 吉

前進（進步）是沒有止境的。不斷向前走，直至力盡倒下。

六三：晉之旅 ䷷ 無悔

追求卓越之路，不免四處奔波，漫長而孤獨。

九四：晉之剝 ䷖ 厲

無敵或自以為無敵是最寂寞，進而被虛無感包圍。

六五：晉之否 ䷋ 無悔

不斷追求進步，犧牲的是身邊的人與物，到頭來也是某種不幸。

上九：晉之豫  厲，吝

進至最高位，傲視天下，最後就是怠惰與驕奢。

方陣關係：與明夷相對（黎明與黑夜），與需相反（排斥無意識的清醒狀態），與訟相應（不斷向上爬難免招人嫉妒，導致爭吵）。

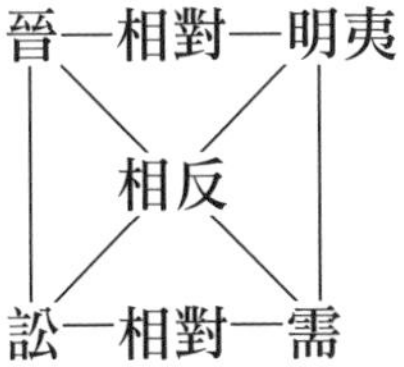

參考《周易》晉卦經文：

晉，康侯用錫馬蕃庶，晝日三接。

初六：晉如摧如，貞吉。罔孚，裕無咎。

六二：晉如愁如，貞吉。受茲介福，於其王母。

六三：眾允，悔亡。

九四：晉如鼫鼠，貞厲。

六五：悔亡，失得勿恤。往吉，無不利。

上九：晉其角，維用伐邑。厲吉無咎，貞吝。

56明夷卦：黑夜。昏沉。昏庸。失去意識。非理性。埋沒才華。

卦名：明夷

卦形：䷣

卦義：地火明夷。光明藏於地底，大地一片黑暗，象徵極艱難的狀況。

初九：明夷之謙 ䷎ 吉凶參半

在極艱難之境地，保持謙退的心境，是最基本的處世態度。

六二：明夷之泰 ䷊ 吉

守護自己相信的價值，盡量與人相接溝通，等待順境的降臨。

九三：明夷之復 ䷗ 吉凶參半

物極必反，衰頹到谷底，就是正氣的恢復。

六四：明夷之豐 ䷶ 吉凶參半

正氣恢復，由初起至興盛，蔚為氣象。

六五：明夷之既濟 ䷾ 吉

走出難關，到達彼岸，之前一切乃視為考驗。

上六：明夷之賁 ䷕ 吉凶參半

暗黑之美。夕陽無限好，正是近黃昏，而黃昏就是考驗的開始。

方陣關係：與晉相對（黑夜與黎明），與訟相反（非理性，卻不會有理性的辯證與錯誤），與需相應（昏沉與無意識）。

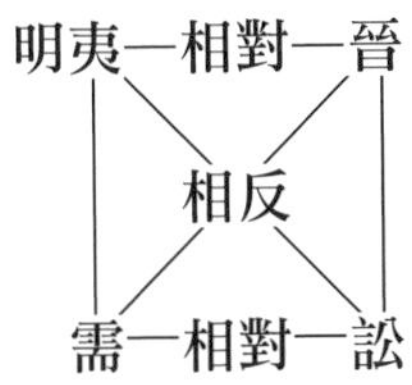

參考《周易》明夷卦經文：

明夷，利艱貞。

初九：明夷於飛，垂其翼，君子於行，三日不食。有攸往，主人有言。

六二：明夷，夷於左股，用拯馬壯吉。

九三：明夷於南狩，得其大首，不可疾貞。

六四：入於左腹，獲明夷之心，於出門庭。

六五：箕子之明夷，利貞。

上六：不明晦，初登於天，後入於地。

57履卦：踐履。禮法。他律。（面對潛在的危機，腳步要）穩定。

卦名：禮

卦形：䷉

卦義：天澤履。大水連天之象。象徵天險當前，宜守禮踐行，循規蹈矩。

初九：履之訟 ䷅ 無咎

禮法的辯證性。禮法調解爭訟，同時反過來引發（新的）訟爭。

九二：履之無妄 ䷘ 吉

禮法的規範性及涵蓋性。禮法之為物，一旦加諸人身，不是你說逃得了就逃得了。

六三：履之乾 ䷀ 凶

禮的宰制性。守禮守法者身上的枷鎖，來自你之為你，也由禮法介定，猶如禮法生你。

九四：履之中孚 ䷼ 先凶後吉

禮法的真實性。一方面，禮法保留了真實的人性，包含真誠的約定。

九五：履之睽 ䷥ 厲

禮法的疏離性。另一方面，禮法本身，就是人性外鑠，有反過來戕害人性的可能。

上九：履之兌 ䷹ 大吉

禮法的愉悅性。世上亦有開心守禮者。名教中固有樂地，更有為促進（大多數人）幸福而制定的禮法。

方陣關係：與小畜相對（穩與不穩），與謙相反（他律與自律不相容），與豫相應（他律令人容易安於現狀，懶於改變）。

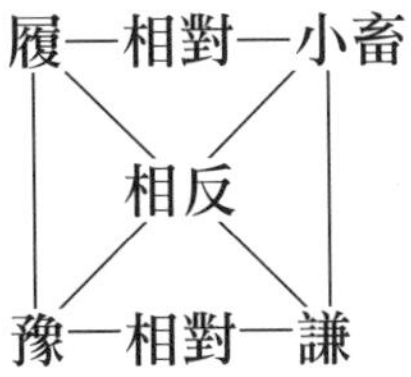

參考《周易》履卦經文：

履虎尾，不咥人，亨。

初九：素履，往，無咎。

九二：履道坦坦，幽人貞吉。

六三：眇能視，跛能履，履虎尾，咥人，凶。武人為於大君。

九四：履虎尾，愬愬，終吉。

九五：夬履，貞厲。

上九：視履，考祥其旋，元吉。

58 小畜卦：儲物。儲蓄。畜牧。（稍）不穩定。因時制宜。

卦名：小蓄

卦形：䷈

卦義：風天小畜。風行天上，風雨欲來之兆，象徵未雨綢繆，引申為儲蓄。而因風吹之不定，引申為不穩。

初九：小畜之巽 ䷸ 吉

風起了，乃知防微杜漸，未雨綢繆。

九二：小畜之家人 ䷤ 吉

如為了家庭儲存預留物資。儲備有賴人們如家人般一起幹。

九三：小畜之中孚 ䷼ 凶

儲蓄講求信用。代人儲蓄的機構如銀行，更要講信用。

六四：小畜之乾 ䷀ 無咎

儲蓄之道，生生不息，方能積小成多。

九五：小畜之大畜 ䷙ 吉

儲蓄由小及大，亦物足而心安。

上九：小畜之需  凶

儲蓄的成效，最終在滿足相關需求，例如生存需要，例如對富庶的欲求。

方陣關係：與履相對（不穩與穩），與豫相反（把多出來的東西儲起來，即便沒有餘裕），與謙相應（儲與藏）。

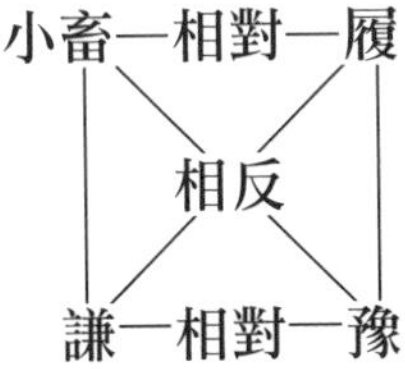

參考《周易》小畜卦經文：

小畜，亨。密雲不雨，自我西郊。

初九：復自道，何其咎，吉。

九二：牽復，吉。

九三：輿說輻，夫妻反目。

六四：有孚，血去惕出，無咎。

九五：有孚攣如，富以其鄰。

上九：既雨既處，尚德載，婦貞厲。月幾望，君子征凶。

59兌卦：（因言語或食物而來的）快樂。幸福。言語。口才。能指。

卦名：兌

卦形：䷹

卦義：上下皆澤。潤澤象徵令人喜悅，引申為快樂，尤指因美言和美食（皆與兌口有關）而來的快樂，再引申為幸福。

初九：兌之困 ䷮ 吉

人愈困惱，愈追求快樂。另：有困惱就想找人傾訴。說話的起點是有所惱。

九二：兌之隨 ䷐ 吉，無悔

話語之浮動性。能指隨時地人與語境而滑移，連結不同所指。

六三：兌之夬 ䷪ 凶

（日常）語言並不嚴謹，充滿破綻與缺陷，因而常招誤會。

九四：兌之節 ䷻ 吉凶參半

因此說話需要節制，不能口不擇言，否則害人害己。話語內在的規範。

九五：兌之歸妹 ䷵ 厲

說話要慢慢說，快言快語會帶來無心之失。

上六：兌之履 ䷉ 無所謂吉凶

話語有其法度，包括文法、是否合禮及合法。話語外在的規範（外在比內在更根本）。

方陣關係：與巽相對（能指與所指），與艮相反（幸福拖人入俗世，與超越無緣），與震相應（美言擾動人心，然亦禍從口出）。

參考《周易》兌卦經文：

兌，亨，利貞。

初九：和兌吉。

九二：孚兌，吉，悔亡。

六三：來兌，凶。

九四：商兌未寧，介疾有喜。

九五：孚於剝，有厲。

上六：引兌。

60 巽卦：消息。秘密。滲入。隱伏。順服。所指（順能指而取義）。

卦名：順

卦形：䷸

卦義：上下皆風，風無孔不入，風其勢順取，象徵訊息及順取之義。

初六：巽之小畜 ䷈ 利非文職

消息要收集下來。滿天都是消息（以風行天上的小畜象徵），不知道哪個有用，所以首先要做到的是收集，然後才有之後的理解與分析。

九二：巽之漸 ䷴ 吉，無咎

滲透要成功，需要時間，慢慢起作用。

九三：巽之渙 ䷺ 吝

消息可分化敵人，令其渙散。

六四：巽之姤 ䷫ 無悔

消息（獲得）的偶然性。有用情報可遇而不可求。

九五：巽之蠱 ䷑ 吉，無悔，無不利

消息的侵蝕性。謠言損敵。

上九：巽之井 ䷯ 凶

通風報信，為接著而來的襲擊或逼害鋪平道路。

方陣關係：與兌相對（所指與能指），與震相反（確有所知即暫不動搖的信念），與艮相應（超越的訊息，啟悟）。

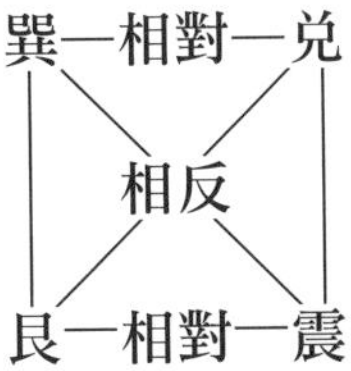

參考《周易》巽卦經文：

巽，小亨，利有攸往，利見大人。

初六：進退，利武人之貞。

九二：巽在床下，用史巫紛若，吉，無咎。

九三：頻巽，吝。

六四：悔亡，田獲三品。

九五：貞吉，悔亡，無不利。無初有終，先庚三日，後庚三日，吉。

上九：巽在床下，喪其資斧，貞凶。

61 困卦：困阻。貧窮。囚禁。四面楚歌。

卦名：困

卦形：䷮

卦義：澤水困。被大水小水重重包圍，象徵困於一隅，無處可去。

初六：困之兌 ䷹ 凶

困於言語。這是最基本的困阻，先驗之困。言不盡意，又或者總找不到充分達意之辭。

九二：困之萃 ䷬ 凶，無咎

困於擁擠。這是物理的困阻。空間不足，被同在者包圍。

六三：困之大過 ䷛ 凶

困於大錯。這是行為的困阻，做了錯事，令當事人陷入困境。

九四：困之坎 ䷜ 吝

困於凶險。這是最明顯的困難。危險令我們寸步難行。

九五：困之解 ䷧ 吉凶參半

處困而求解，但未必得解。那是理性的問題，也是生命的問題。

上六：困之訟  悔

困於理性的辯證，為終極之困，跟困於言語互相呼應。

方陣關係：與井相對（圍城戰宜斷絕水源），與賁相反（沒有文化就是困），與噬嗑相應（入獄，囚禁）。

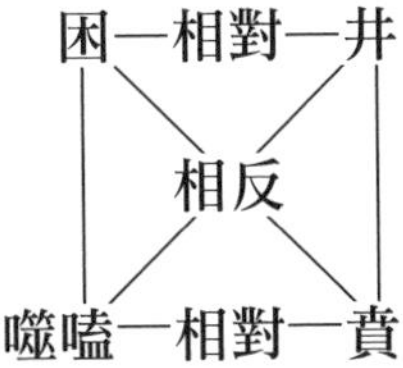

參考《周易》困卦經文：

困，亨，貞，大人吉，無咎。有言不信。

初六：臀困於株木，入於幽谷，三歲不覿。

九二：困於酒食，朱紱方來，利用享祀，征凶，無咎。

六三：困於石，據於蒺藜，入於其宮，不見其妻，凶。

九四：來徐徐，困於金車。吝，有終。

九五：劓刖，困於赤紱，乃徐有說。利用祭祀。

上六：困於葛藟，於臲卼，曰動悔有悔，征吉。

62 井卦：（生命）暢通。（向下）接上源頭。

卦名：井

卦形：䷯

卦義：水風井。水下有風，象徵打通水道，空氣流動，風行有徑。

初六：井之需 ䷄ 凶

向下尋找生命之源頭，下之又下，終觸及無意識。

九二：井之蹇 ䷦ 凶

在生命的底層，陷入那理性無能處理的領域，無法行動。

九三：井之坎 ䷜ 吉凶參半

在生命的深處，埋藏著各種情緒與慾望的危險。

六四：井之大過 ䷛ 無咎

在生命的深處，面對自己犯過卻避開了掩埋了的大錯。

九五：井之升 ䷭ 吉

終能打通相關糾結的話，生命暢通，有所昇華。

上六：井之巽 ䷸ 大吉

生命暢通處，四通八達，如御風而行，達到某程度的自由。

方陣關係：與困相對（四面被包圍，乃向下逃出），與噬嗑相反（不追逐功利生命乃自暢通），與賁相應（文化慧命相續）。

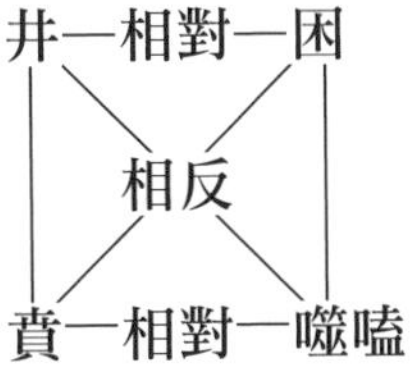

參考《周易》井卦經文：

井，改邑不改井，無喪無得，往來井井。汔至，亦未繘井，羸其瓶，凶。

初六：井泥不食，舊井無禽。

九二：井谷射鮒，甕敝漏。

九三：井渫不食，為我心惻，可用汲。王明，並受其福。

六四：井甃無咎。

九五：井洌，寒泉食。

上六：井收勿幕，有孚元吉。

63 訟卦：辯證理性。爭拗。口舌衝突。官司訴訟。

卦名：訟

卦形：䷅

卦義：天水訟。內奸險而外剛健，象徵好勝爭吵之傾向。

初六：訟之履 ䷉ 先凶後吉

理性的規範性：提供範疇，指導認知及實踐。

九二：訟之否 ䷋ 凶

理性的工具性：不作溝通使用的理性，播下理性辯證的種子。

六三：訟之姤 ䷫ 先厲後吉

理性的誤推：誤將實然判為偶然或必然，並為其判斷爭持不定，令自身陷入無常。

九四：訟之渙 ䷺ 吉凶參半

理性的瓦解：一方面，不斷支解事物，一方面，在這過程中瓦解自身（的合法性）。

九五：訟之未濟 ䷿ 大吉

理性的辯證操作：無窮追溯，永難休止。

上九：訟之困　先吉後凶

辯證理性令理性陷入困境。

方陣關係：與需相對（理性與無意識），與明夷相反（理性與非理性），與晉相應（理性與意識）。

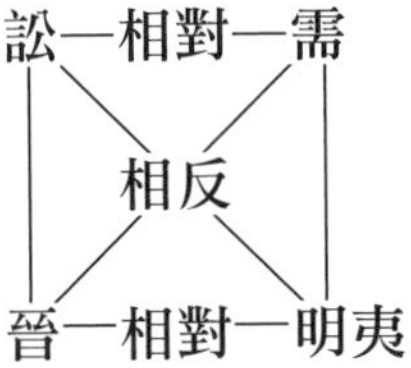

參考《周易》訟卦經文：

訟，有孚，窒惕，中吉，終凶。利見大人，不利涉大川。

初六：不永所事，小有言，終吉。

九二：不克訟，歸而逋其邑，人三百戶，無眚。

六三：食舊德，貞厲，終吉，或從王事，無成。

九四：不克訟，復即命渝，安貞吉。

九五：訟，元吉。

上九：或錫之鞶帶，終朝三褫之。

64 需卦：需要。慾望。無意識。

卦名：需

卦形：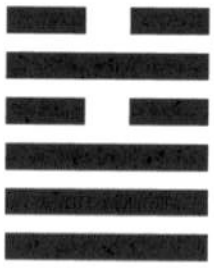

卦義：水天需。雲行天上，風雨將至，象徵有所需要的等待，直如求雨者等待天降甘霖。

初九：需之井  無咎

慾望處於心靈的底層，如井之結構，井口為其流露與表達。

九二：需之既濟  先凶後吉

慾望的目的性。有所欲，有所求，有慾望對象。

九三：需之節  凶

慾望面對節制，後者如現實原則，限制其實現。

六四：需之夬  凶

慾望總尋求衝破節制缺口的可能。

九五：需之泰  吉

慾望的溝通傾向：人總不斷欲求得到諒解、認同與認可。

上六：需之小畜 ䷈ 先凶後吉

慾望的不穩定，以及在此不穩定下累積其能量（無論是正能量抑或負能量）。

方陣關係：與訟相對（無意識與理性），與晉相反（無意識與意識），與明夷相應（無意識與非理性）。

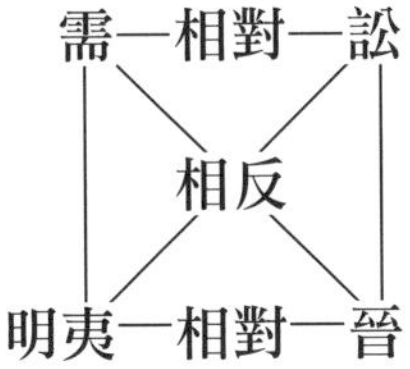

參考《周易》需卦經文：

需，有孚，光亨，貞吉，利涉大川。

初九：需於郊，利用恆，無咎。

九二：需於沙，小有言，終吉。

九三：需於泥，致寇至。

六四：需於血，出自穴。

九五：需於酒食，貞吉。

上六：入於穴，有不速之客三人來，敬之，終吉。

代跋：抗疫時期的憂鬱

一場世紀疫症，暴露了社會制度、民俗慣性、心理質素各方面的既有問題；起初自視過高過份安心，然後恐慌性搶購物資，進而歧視疑似帶病毒者，原來並不限於華人社會，竟是全世界，甚至可以說是整個資本主義全球化下的人文通象。各國政府似乎看重經濟多於人命，盡量不想放棄「正常」生活運作。在社會不可停擺，資本不可不流通的大原則前，人人情願擱置防疫常識，抗疫措施亦無法不「以緩為本」。

故此所謂抗疫日常，大抵七分荒謬，兩分無奈，一分憂鬱。生命威脅、被迫在家工作、停課不停學只是偌大的背景帷幕，一場場在身邊上演的活劇、鬧劇、悲劇……隨時天天與無知與偏見搏鬥，費盡唇舌仍無法改變身邊人各種愚不可及的言行，才真正要命。而那實際生計的焦慮、前景的迷惘，加上根本從未平息的意識形態撕裂與政治動盪，無日無之的政治逼害與白色恐怖，令那一分憂鬱在不少人心底不斷擴大，終至不可遏止，嚴重影響抗疫時之心智健康。

從易理角度看，憂苦固然是人生常事，某程度上甚至不必趨避。古人不以憂苦為患。知識份子、聖君賢相固然要有憂患意識，先天下之憂而憂，後天下之樂而樂，即使是庶民百姓，適時之憂，能助防微杜漸，未雨綢繆，增加族群的存活機會。不過，我們都曉得，憂鬱並不止於悲憂與痛苦。

不和之憂與隱閉之苦

易六十四卦，憂苦之卦一般有三，一曰師，一曰巽，一曰旅。

地水師（上卦坤下卦坎）本身是戰爭之卦，引申為爭鬥之苦，不和之憂。在一個社群裡面，大家各懷鬼胎，爾虞我詐，所謂合作，也猶如置身阿修羅道，須時刻提防，最良善的倫理規勸，也只限於「害人之心不可有，防人之心不可無」。《周易》關於師卦的卦辭與爻辭，都是講軍旅戰爭之事，而一旦打仗，人民大多只有吃苦的份兒。〈雜卦〉明言：「比樂師憂」，師比相對，易理中這種相對關係叫相綜，將本卦倒過來，就成了綜卦；將師卦完全倒過來，地水師成了水地（上卦坎下卦坤）比。顧名思義，比卦是講朋比的，有朋友幫助，可為比鄰，就會帶來團結的安心與快慰。不和之憂，就是與團結相對，因對立以至分崩離析而來的憂慮和悲苦。某意義下，二〇一四年以降的香港，確有師卦指涉的社會心理背景，但我們要說的抗疫者憂鬱，顯然是不安於紛爭後，心靈再進一步抵受的難堪狀態。

巽卦是重風（上下卦都是巽）之卦。巽為木，為風，自然的風本來就看不見，須靠搖動的樹木來表現，而古人認為風是無孔不入的，由外入內，在裡面就更加看不見了，所以引申為隱入之象。與巽卦相綜對的是兑卦（上下卦都是兑），兑是口，也是「悦」的形符兼聲符，直指口舌之悅樂，包括食物帶來的美味、甜言蜜語、溝通的快感，諸如此類。能說出口的聽得見，相對的就是聽不見，不能宣之於口的東西，簡言之，就是隱衷。從風的另一個特性，有風聞、消息，古人假如有資訊這個概念，大抵也會歸入巽卦之下。從易理看出，凡消息都有秘聞的一面，凡消息都可退藏於密，或反過來說，凡消息都是被揭發揭露而宣示的。我們的抗疫憂鬱者不少由被迫足不出戶，發展至無心外出，一天與人說不上三四句話，當了一兩個月的隱閉青年或中年，與巽卦不無對應，但稍一深思，又不難發現，隱閉之憂苦並不足以涵蓋箇中的感受與情緒。

孤獨之悲與寂寞難耐

至於火山旅（上卦離下卦艮），則是出門在外的卦。談衣食住行的「行」，除了復卦、隨卦，再數就看旅卦。古人安土重遷，出門是大事，而且不宜出門太久，所謂在家靠父母，出外靠朋友，但朋友始終是外人，遠不如父母鄉親親密，弄不好乏人照應，便落得孤身一人。旅卦的卦象是山上有火，火燒山象徵旅行耗費資源，也是山旅最慘烈的痕跡。君不見抗疫時期港人多了遠足，不少山友行山時抽煙遺下火種，馬鞍山便一度發生嚴重山火，環保份子及惜山者均心痛不已。

故此，旅卦指涉的是孤獨之憂，一個人在途上，沒人陪伴乏人照應的寂寞感。旅人離鄉別井，旅途上很多時只能自己照顧自己，假如還不幸染病就更加悲慘，倍惹哀憐。武肺肆虐，出外飯聚、會友，均有交叉感染的危險，很多人因而要宅在家中，暫做「獨孤精」，這一點似也與旅卦所涵相涉，可是，孤獨的人固然未必寂寞，即使深感寂寞難耐，也未必去到抑鬱。孤獨苦則苦了，箇中卻同時具備自由的痛快。寂寞堪稱自由人的代價，而說到底，不少人會願意付出和承擔這個代價。

故此，假如我們說的憂鬱是 depression，是 melancholia 的話，就易理而言，以上三者均非對應之卦。我們得考察另外三個卦才是。

四無出路與井底意象

字根上，melancholia 是希臘文 μέλας（*melas*）和 χολή（*kholé*）的組合，即黑膽汁，古希臘人相信，黑膽汁過多的體質，較容易浸淫在憂鬱的情緒中。黑，是光線照不到之處，憂鬱的人喜歡待在暗處，待在暗處久了，又反過來加深憂鬱。Depression 則是（情緒）低落，憂鬱的人都有類似的經驗，整天猶如置身灰暗的環境，明明藍天白雲，主觀上總仍陰霾密布，更甚的，是有一種低壓槽的感覺，而那極之圖像式的表示：四周忽然向上升，不，其實是自己向下沉，人總彷彿比其他人低位。也不一定有甚麼在頭頂壓下來，你自然就向下沉，所謂壓抑，有時很形像，很具體，有時則是一種隱喻而已。

是的，向下沉，不斷向下沉，沉到光線不那麼照到的地方。那低處，日本作家村上春樹有一個常用的意象，就是井底。《發條鳥年代記》、《刺殺騎士團長》，主角都主動走到井底思考，又或者其實沒思考甚麼，只單純待在那個位置，等候遇上不知名的甚麼。旁人看來，環境實在有點怕人，也許突然會從不知哪裡蹦出甚麼妖怪，攻擊你吞吃你之類，然而，對當事人來說，一切都無所謂了，也說不出是怕呢還是不怕，恐懼在那可能更大的恐懼面前退場，而那更大的恐懼，並不以恐懼為表象，只是周邊的反應有點像害怕的後遺症——四肢有時顯得乏力，甚麼地方也不想再去，要剝落的都緩緩剝下來，當事人看著，觀察著，任由一切如所料般發生。太陽底下再無新事，包括那可能出現的鬼魅或村上所謂的「黑鬼」、「沒臉的男人」……井底很黑，深而黑的底處，是憂鬱棲息之處。

易理中，井底之卦是井卦；水風井，水底有風，地底要出井水，當然要四通八達，地下水才會湧來，供人取用，故此，井其實意味接通水源。它的綜卦困卦才對應村上式井底意象。甚麼是困？上坎下巽倒過來就是上兌下坎，澤水困。澤是凝滯之水，水太多而滯，壅塞成患，正指哪裡也去不了，四無出路的處境。客觀是否真的苦無出路還好說，收在主觀情緒上，就是即使有路，當事人也會覺得無路可逃。困，是水之困，因而可引申為財困（古人水為財），也可引申為情困（情如水，流無定所），誰説憂鬱不是可以沒有特定對象的超級情困？

若逢木子冰霜渙

困（無論是財困還是情困）令人擔心前途，不免焦慮、沮喪，統統都是憂鬱的前導。故此，困一方面是憂鬱的客觀化，一方面是憂鬱形成的條件。抗疫時期困守家中，以在家工作之名，行隔離防護之實，開始時精神好像還勉強支撐得到，直到某一個點，煩悶有之，無力感有之，心神逐漸難以集中，專注離當事人而去。有甚麼瓦解了、渙散了，易理裡，就是由困卦過轉到渙卦。

風水渙（上卦巽下卦坎），卦義風行水上，就是吹皺一池春水，水波渙散之象。有人找到渙、奐、煥相通，所謂美侖美煥，故渙也指漂亮、美麗，但這美是頹廢之美，頹唐之美。有甚麼比《世説新語》更能演釋這種美呢？〈容止〉篇曾把夏候玄（字太初）與李豐（字安國）放在一起形容；他們的容貌，前者「朗朗如日月之入懷」，後者則「頹唐如玉山之將崩」。兩人都是美男子，但夏候太初是正面的、放光的俊朗，李安國呢，則是負面的，像玉山崩塌前的模樣。一個人因為太美，天公也妒忌，命不能久，但更因為命不能久，健康敗壞，身心散發出一種奇特的氣質，令他加倍俊美，不可方物。渙，是人心面臨傾倒前，精神活力將釋未釋的狀態，它要散了，散了就沒了，所以就是末日前的放恣，並因解放而動人。

一般人看憂鬱，只著重它的糾結；抓緊了的拳頭、摺曲了的衣袖，一團東西，痴連在那裡，紓展不開，眉頭深鎖，西子捧心，而不太注意那緊中之鬆，因鬆而乏力，因乏力而無法解結。鬱結收緊的裡面，有甚麼不得不放棄了，鬆弛下來，也就真的甚麼地方也去不了，困守至爛死。在暗無天日的地方，我們沒有看見，但也可感受力量的消失，渙正指表這一矢向。

憂鬱復發如水險

少時看《推背圖》看到這麼一句：「若逢木子冰霜渙，生我者猴死我雛。」大家都說是預言台灣（中華民國）國運的。我們一度笑言「木子」就是李姓之人，中華民國傳到李登輝就完蛋了。冰霜渙就是融雪，甚麼令冰雪融化呢？不就是熱力嗎？我們當時沒有留意，木子並不一定指李姓，五行中木之子是火（木生火），火當然可令冰雪融化。

拿五行學說去套武漢肺炎，克肺金之邪，自是火毒。假如二〇一九年屬於無妄卦，香港人所受災劫是無妄之災，那麼，二〇二〇年的問題則屬明夷（地火明夷，上卦坤下卦離），象徵明入地中，全天候陰暗，而那沒入地中（實質是肺中）的火毒，燒的就是大家的肺，融化的霜雪就是大家的生命力、精神力。由是看渙卦對應抗疫時期的憂鬱，便有更深體會。

由困到渙，未至最險。憂鬱重症，最後會來到六十四卦中最險的坎卦。坎，本身的意義就是危險。古人最憂河患，一提水險，大家均聞之色變。就情緒低落，心不斷往下沉降而言，正好也對應水性向下這方向。其實困卦和渙卦的組成部分都有坎卦，我們嘗試將困卦和渙卦的下卦都抽出來，重新組合成了上下都是坎的坎卦，重重水險，本來就象徵河水泛濫。泛濫和海嘯等水災，破壞力不在第一波，更大的破壞在第一波潮水退去，人們出來清理頹垣敗瓦時潮水再度湧至發生。憂鬱症患者都曉得，憂鬱無所謂治癒。壞的情況會過去，當事人好像好轉了，但一切又會重來。憂鬱復發，殺傷力隨時比之前的「侵襲」更大，最終走上自殺之路的，往往是復發者。

通達節制與有孚維心

由是，我們有了真正對應憂鬱的三個卦：困、渙與坎。

有人認為憂鬱症無藥可治，但易理大抵可起碼提供對待的方向。一般要平衡某卦之偏，我們可從它相對的一面思考方案。困的對家（綜卦）是井，渙的對家（綜卦）是節，而坎沒有對家，因為它倒過來仍是自己，我們只能從它自身的轉化來尋求解決。

四無出路便感絕望，皆因一般受困之人，多只從橫向一面感受、思量。東南西北八方塞透，上下兩方又如何？井卦的啟示，尤其提醒當事人關心下方的接通問題。往下關乎你的根源，水路在那裡（水能覆舟亦能載舟），困住你逼你沉下去的方向，也是逃出生天的方向。生命暢通，驅走憂鬱的秘訣，就是找到自己的生命源頭，予以相接。這個説難不難，説易也不易，因為人人的源頭不同，不一定都要皈依上帝，或依靠既有信仰的。而渙散無力，對治之法就是節制——從生活小節做起，自我設定一些規則，一小步一小步遵行，就在遵行的過程中重新專注，逐步重建力量。

誠然，憂鬱的終極對治，始終得靠思考坎卦的奧義。富貴險中求，化危之方也在險中求。《周易》坎卦卦辭明言：「習坎，有孚，維心，亨，行有尚。」置身重重艱險之地，最重要的是建立信心（有孚）。要把信念注入內心，維繫心識操作，令心靈強大起來（維心）。信念，是憂鬱症的靈丹，不過且讓我們不避麻煩再予補充：信念不限於特定宗教信仰，而在於相信價值，持守價值。

易理居高臨下，直接申明，不免虛泛。寥寥數千言，通涉抗疫時期的憂鬱症治，最後也不外再次權充引玉之磚，妄圖一得之見而已。

反復：易經新寫

作者／岑朗天
總編輯／葉海旋
編輯／黃秋婷
助理編輯／周詠茵
封面設計／TakeEverythingEasy Design Studio
出版／花千樹出版有限公司
地址：九龍深水埗元州街二九〇至二九六號一一〇四室
電郵：info@arcadiapress.com.hk
網址：www.arcadiapress.com.hk
印刷／美雅印刷製本有限公司
初版／二〇二一年五月
ISBN：978-988-8484-80-5

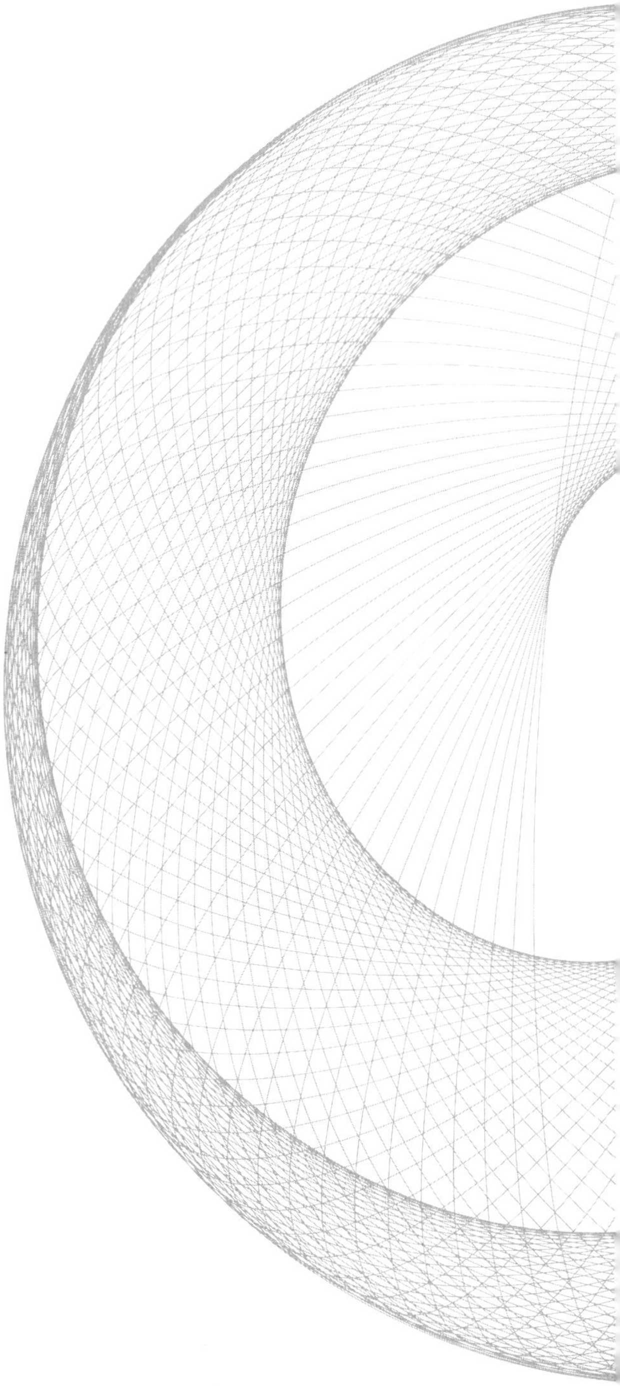